激震《げきしん》！卍《まんじ》の城《しろ》
弘前藩　災害の教訓

絵と文・知坂　元

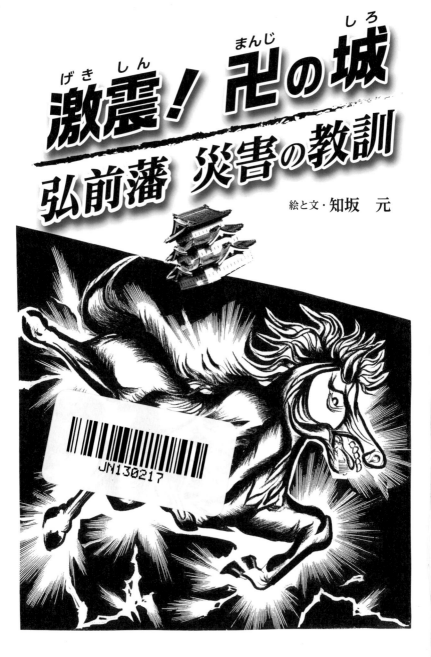

災《さい》害《がい》の記録

「想定外」では
すまされない
この史実

津軽はかつて
巨大津波に襲《おそ》われた！

江戸時代の弘前土手町
竜巻《たつまき》で死者！

青森・弘前・黒石・鰺ヶ沢
大火で死者多数！

津軽に残る激甚《げきじん》

青森県でかつて日本最大の
火山大噴火があった！

江戸時代の津軽で
直下型地震M《マグニチュード》6.9！

自然災害がきっかけで
大飢饉《だいききん》、伝染病《でんせんびょう》！

かつて、この地をおそった
大災害を
先人たちは命がけで記録に残した。
この地で生きる子孫のために。
「歴史はくり返す」
現代・未来の青森で
いかに恐ろしいことが起こるのか⁉
弘前古文書を読み
思い知らされた。

このまんがは次のような古文書を参考に
弘前藩災害の様《よう》子《す》を
紹介しています。

弘《ひろ》前《さき》藩《はん》日《にっ》記《き》

工《く》藤《どう》家《か》記《き》

永《えい》禄《ろく》日《にっ》記《き》

平《ひら》山《やま》日《にっ》記《き》

岩《いわ》木《き》山《さん》嵩《だけ》硫《い》黄《おう》山《ざん》出《しゅっ》火《か》一《いっ》件《けん》

大《だい》地《じ》震《しん》 城《じょう》中《ちゅう》 弘《ひろ》前《さき》
併《あわせて》 在《ざい》浦《ほ》 破《は》損《そん》之《の》覚《おぼえ》

要《よう》記《き》秘《ひ》鑑《かん》

葛《か》西《さい》秘《ひ》録《ろく》

津《つ》軽《がる》徧《へん》覧《らん》日《にっ》記《き》

封《ほう》内《だい》事《じ》実《じつ》苑《えん》

天《てん》保《ぼう》十《じゅう》五《ご》年《ねん》洪《こう》水《ずい》記《き》

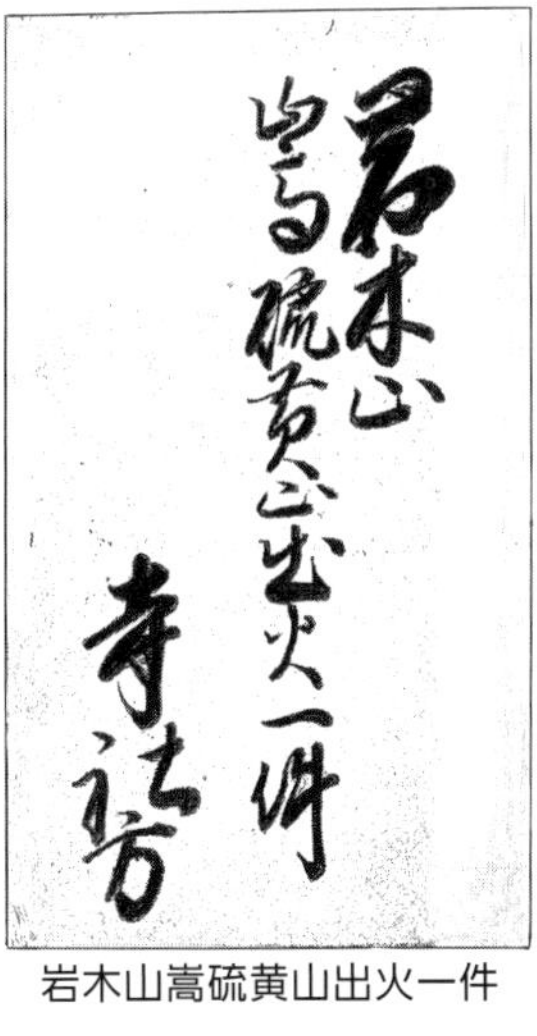

岩木山嵩硫黄山出火一件

もくじ

序《じょ》の巻

災害列島日本

―今、津軽があぶない！―

災害列島日本

—今、津軽があぶない！—

地震、豪雨、土砂災害、
洪水、火山噴火——
日本列島に
自然災害の嵐が
吹き荒れている。

また
巨大地震である
南海トラフ地震
東南海トラフ地震
さらに
首都直下地震も
迫っているという。

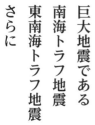

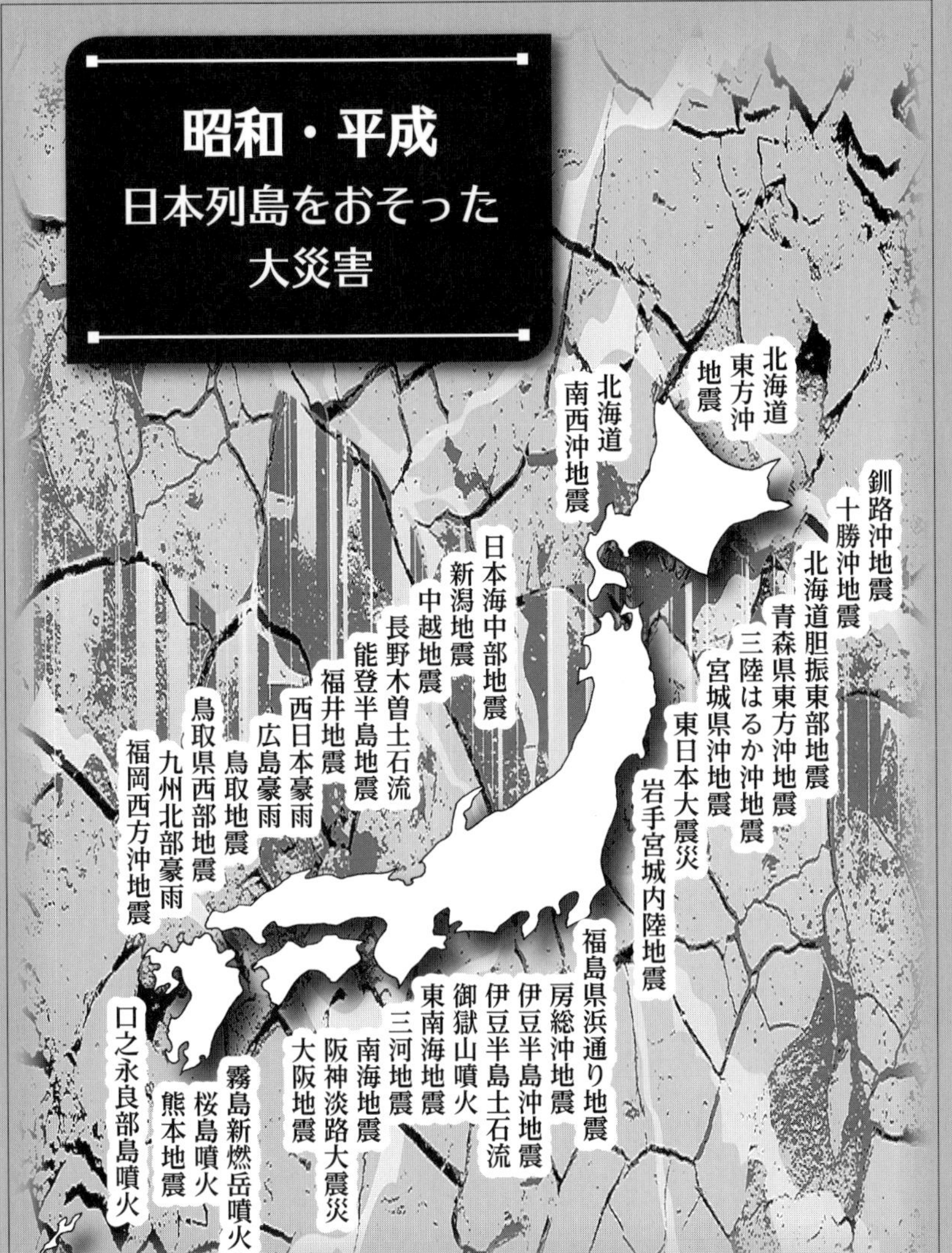
昭和・平成
日本列島をおそった
大災害
北海道東方沖地震
北海道南西沖地震
釧路沖地震
十勝沖地震
北海道胆振東部地震
青森県東方沖地震
三陸はるか沖地震
宮城県沖地震
東日本大震災
岩手宮城内陸地震
日本海中部地震
新潟地震
中越地震
長野木曽土石流
能登半島地震
福井地震
西日本豪雨
広島豪雨
鳥取地震
鳥取県西部地震
九州北部豪雨
福岡西方沖地震
福島県浜通り地震
房総沖地震
伊豆半島沖地震
伊豆半島土石流
御嶽山噴火
東南海地震
三河地震
南海地震
阪神淡路大震災
大阪地震
霧島新燃岳噴火
桜島噴火
熊本地震
口之永良部島噴火

幸い
今のところ、
津軽は
よその地域に比べれば
おだやかである。

しかし
学者・研究者たちは
口をそろえる。
本州北部日本海側こそ
危ない！

東日本大震災では
大津波が陸地に到達するまで
30分以上あったが、
日本海で大地震がおこれば
津波到達まで5分！
しかもすぐ目の前、青森・秋田沖で
巨大地震の確率が高いというのだ。

津軽には
巨大津波の記録が残る。

死者10万人　興国《こうこく》大津波《おおつなみ》

今から700年ほど前
十三湖を港湾に
安東《あんどう》一族が繁栄。
その拠点十三湊《とさみなと》は
全国屈指の貿易港として
蝦夷《えぞ》、ロシア、中国などと
活発な交易を展開
していた。

三津七湊《さんしんしちそう》
（鎌倉・室町時代の日本十大港）

ところが
興国《こうこく》元年（1340）
大津波が押し寄せた。
この地の死者10万人。
十三湊は
壊滅的《かいめつてき》なダメージを
受けたという。

延喜《えんぎ》15年（915）
十和田山大噴火！

そして青森にはもうひとつ、
日本史上最大の
噴火をしたとされる
メガ火山がある。
十和田山《とわだやま》である。

火山灰は東北地方一帯に降り積もり、
火砕流《かさいりゅう》が本州北部を
焼きはらった。
この十和田山の大噴火は
過去2000年で
日本史上最大の噴火
であったとされる。
あれから1000年以上が過ぎた。
今、十和田山が噴火すれば、
火山岩、火山灰が
青森県に降りそそぎ、
冬ならば
八甲田の雪をとかした
巨大火山泥流《かざんでいりゅう》が
津軽全域を押し流す。
平安時代の噴火から
すでに1100年。
2014年には
1日800回の
地震も観測されている。

1000年に1度の大災害!?

1100年前に起こった
貞観《じょうがん》地震（869年）の言い伝えを
「言い伝え」と片付けず
教訓としていれば、
東日本大震災で
あれほどの被害は
でなかったと思われる。
しかし
東日本大震災から8年。
貞観地震の教訓と反省は
すでに風化しつつある。

物理学者の
寺田《てらだ》寅彦《とらひこ》は、
「天災は忘れた頃に
やって来る」
という言葉を残している。

幸い
城下町弘前にも
たくさんの古文書がある。
そしてそこには
かつてこの地方を襲った
たくさんの激甚《げきじん》災害の
様子《ようす》や
貴重な教訓が
記《しる》されている。
命からがら
生きのびた人々が
子孫のために
書き残《のこ》した
魂《たましい》の教えだ。

過去の苦難の出来事を知り
明日に備えよう。
東日本大震災は終わりではない。
はじまりだ。
ほんの数百年前
この寒冷の地で
恐《おそ》ろしい災害があいつぎ、
親子・家族が引きさかれたことを
忘れてはならない。
歴史はくり返される。

防災の第一歩は
防災マニュアルを暗記する
ことではない。
恐怖を知ることだ!

地の巻

津軽内陸直下大地震

―明和大地震―

江戸時代
津軽地方は
数多くの地震に
襲《おそ》われている。
特に次の四大地震が
強烈であった。

1694（元禄7）5月27日　**元禄《げんろく》地震**　M7.0
岩木山が火と黒煙を噴《ふ》き上げ、山麓で大火災。
弘前城内損壊《そんかい》。

1704（宝永元）4月24日　**宝永《ほうえい》地震**　M6.9
西海岸を地震が襲い、山崩《やまくず》れで川がせきとめられ**十二湖**ができた。

1766（明和3）1月28日　**明和《めいわ》大地震**　M6.9
青森県における江戸時代最大の直下地震。
弘前領内で家屋倒壊《かおくとうかい》6500、死者1325人

1792（寛政4）12月28日　**寛政《かんせい》地震**　M6.9
西海岸で大戸瀬《おおどせ》を中心に12㎞にわたって海岸が隆起《りゅうき》、今ある**千畳敷《せんじょうじき》海岸**ができた。

― 津軽最大の地震 ―

明和《めいわ》大地震

～1766～
（明和3年）

1766（明和3）年1月末から2月にかけ、すさまじい大地震が津軽を襲った。死者1325人建物の倒壊6500。**空前絶後《くうぜんぜつご》の大震災**であった。

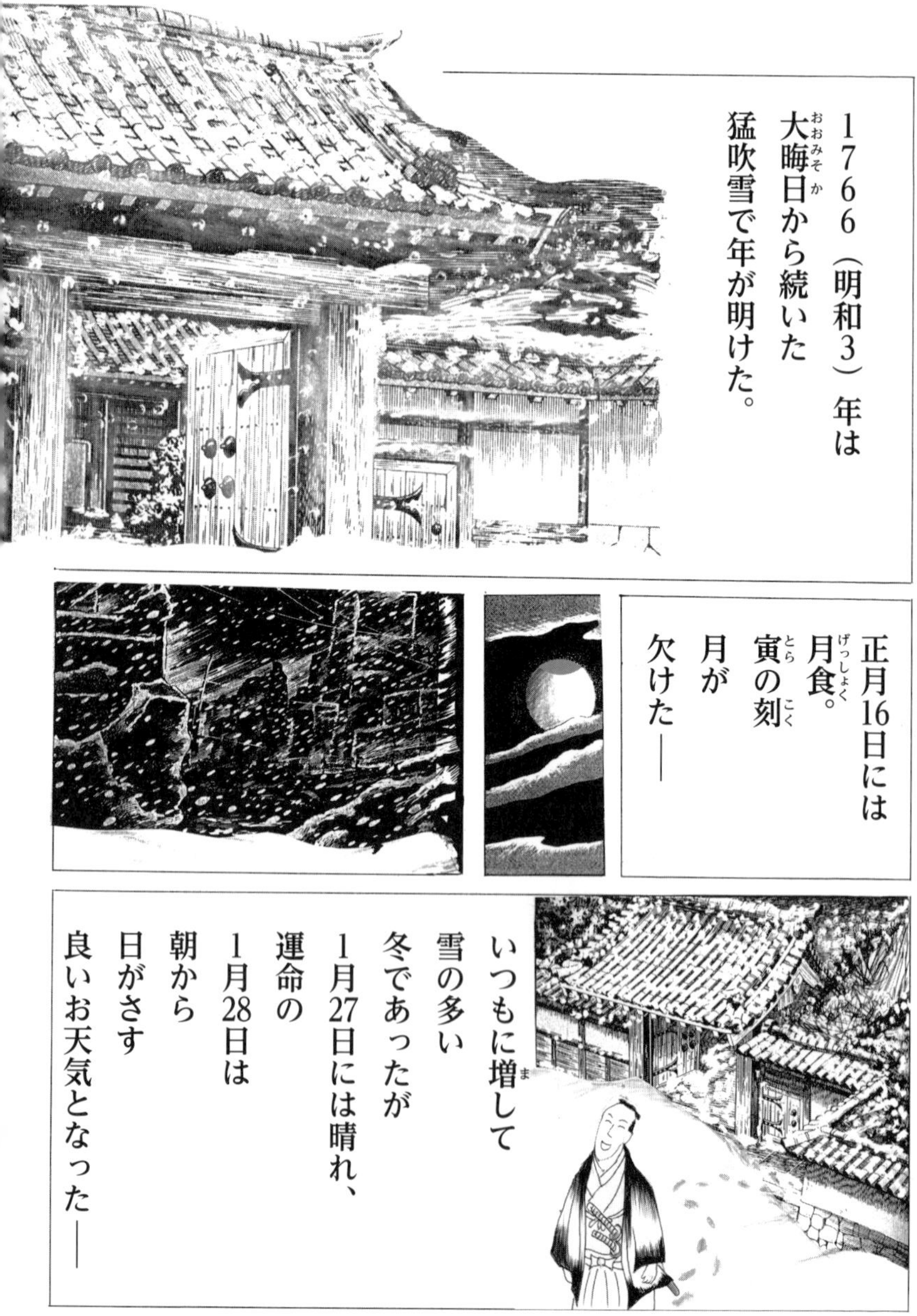
1766（明和3）年は
大晦《おおみそ》日《か》から続いた
猛吹雪で年が明けた。
正月16日には
月食《げっしょく》。
寅《とら》の刻《こく》
月が
欠けた――
いつもに増《ま》して
雪の多い
冬であったが
1月27日には晴れ、
運命の
1月28日は
朝から
日がさす
良いお天気となった――

津軽の古文書「工藤家記《くどうかき》」
によれば、この日は
「天気がやわらいで
もともと雪の多い
時期なので
少し寒さはあるものの
森林に霞《かすみ》がかかり
ひときわ
春めいた
日であった」
とある。

なごやかなお天気に
人々は季節が春に
向かい始めたことを
感じ、
おだやかな気持ちで
一日を過ごした。

ところが
陽《ひ》が西にかたむき
山のかげに沈み
闇が近づいた頃、
とつぜん
大災害が
襲来《しゅうらい》した。

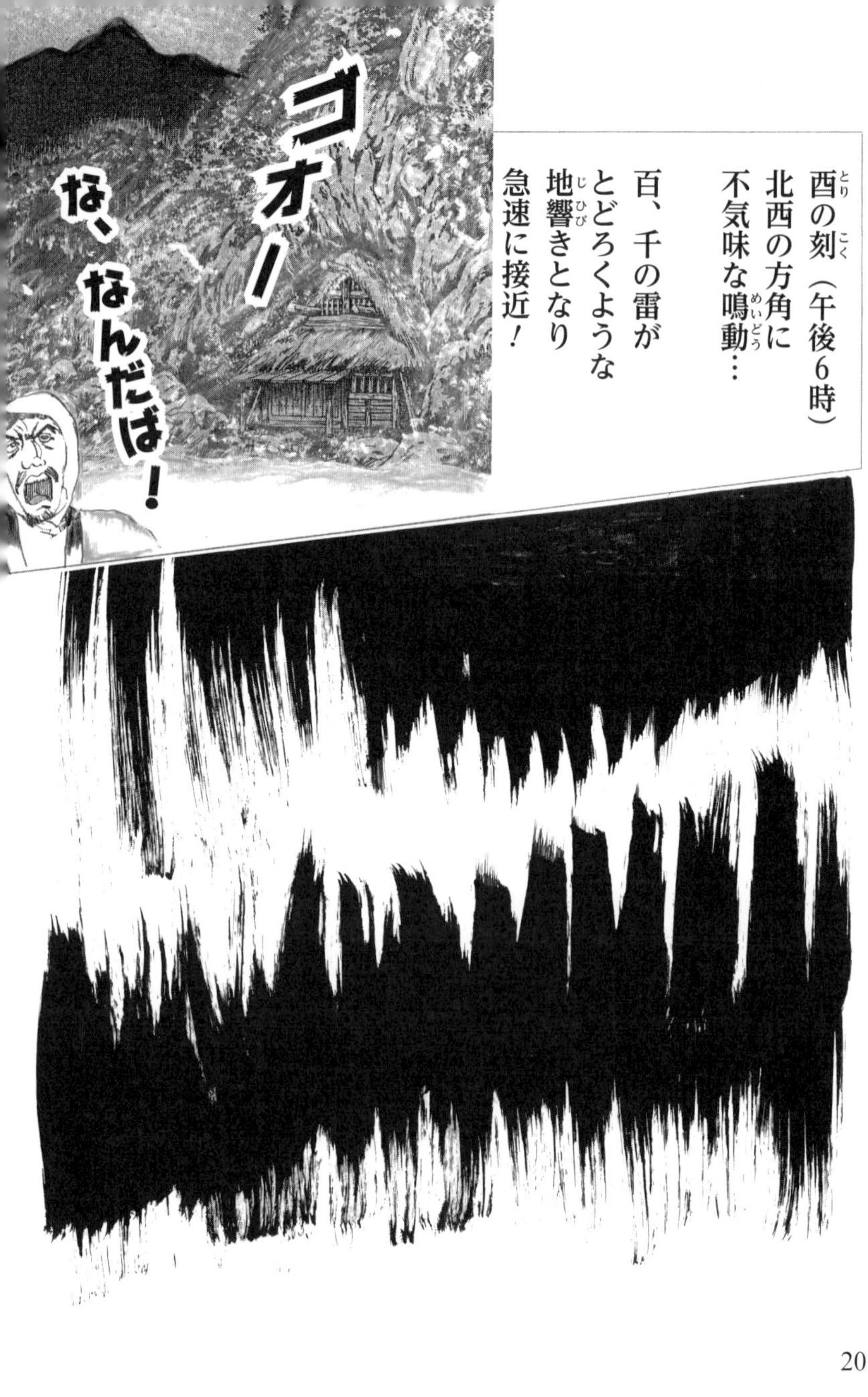
酉《とり》の刻《こく》（午後6時）
北西の方角に
不気味な鳴動《めいどう》…
百、千の雷が
とどろくような
地響《じひび》きとなり
急速に接近！
ゴオー
な、なんだば！

酉《とり》の刻《こく》（午後6時）

大地震発生 M《マグニチュード》6.9

明和3年1月28日
(1766)

津軽内陸直下

ドガガガ
ぐあっ
初めは強烈な縦揺《ゆ》れ！
その後は、長い長い横揺れ！

ゴーッ!
ドドドド!
ぐあっ
なんということじゃー!
大地が
激しく揺《ゆ》れ動いた!
あっという間《ま》に
家という家が
皆押しつぶされ
積木《つみき》のごとく倒壊した!
まったくもって火急《かきゅう》、
かつ強烈《きょうれつ》!
人々は
城、館《やかた》、寺、家々から
逃げ出すいとまもなく、
つぶれた建物の
下敷きとなった。
ガラガラ

かっちゃ！
じっちゃ！
助けてけろ！
いでぇ！
みつー！
あばちゃ！

くるしい
ギャー
とっちゃ!
地獄《じごく》だぁ
足、つぶれだ

『身ぶるいする
暴《あば》れ馬の
背中に
いるようで
あった』
と旧記《きゅうき》にある。

たちまちの大混乱！
城下弘前はもちろん
青森、板柳、黒石、
外ケ浜《そとがはま》と、
津軽全域が
一瞬にして
押しつぶされた。

町も村も
阿鼻叫喚《あびきょうかん》の巷《ちまた》と化し、
下敷きとなった子ども、
老人、女の苦しみの声、
おそろしさに泣きわめく
声がかさなりあった。

動転《どうてん》した
牛、馬、鳥、
にわとり、犬、ねこ
が恐怖にかられ
けたたましくさけび、
めくらめっぽう
かけめぐる様《さま》も
おそろしいほど！

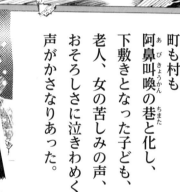

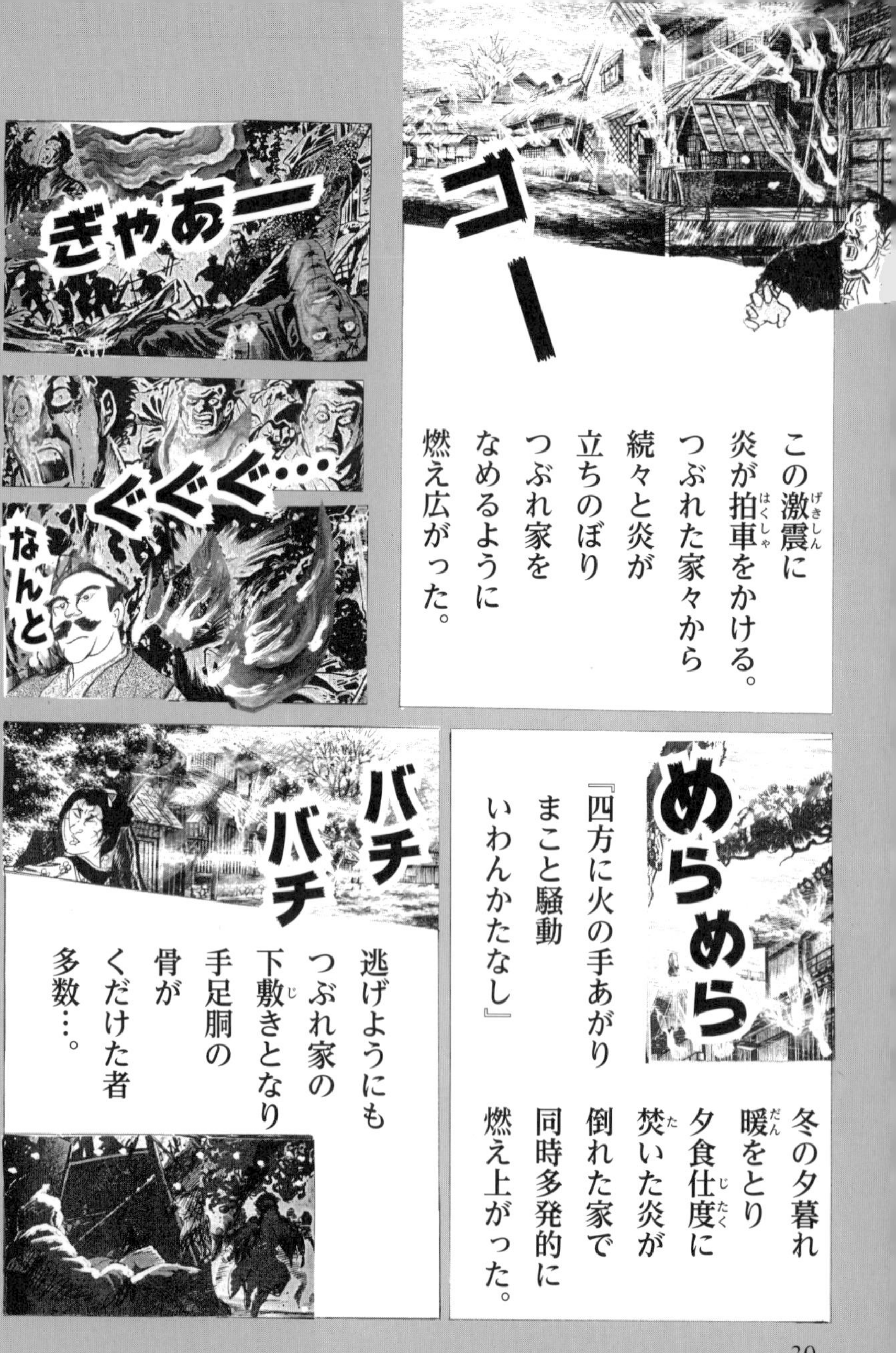
ゴーー
この激震《げきしん》に
炎が拍車《はくしゃ》をかける。
つぶれた家々から
続々と炎が
立ちのぼり
つぶれ家を
なめるように
燃え広がった。
ぎゃあーー
ぐぐぐ…
なんと
めらめら
『四方に火の手あがり
まこと騒動
いわんかたなし』
冬の夕暮れ
暖《だん》をとり
夕食仕度《じたく》に
焚《た》いた炎が
倒れた家で
同時多発的に
燃え上がった。
バチバチ
逃げようにも
つぶれ家の
下敷《じ》きとなり
手足胴の
骨が
くだけた者
多数…。

港町青森の
被害は甚大であった。
海より吹きあがる
浜風が
火の手をあおり
大火災と
なった。

藩の建物が出火・倒壊。
善知鳥《うとう》神社大破。
町奉行所倒壊。
地震による全壊　199
半壊82
圧死　男47　女57　旅人　5
夜通し燃え続け
全焼　313　焼死　男34　女52

倒壊焼失家屋
644
土蔵　99
手のほどこし
ようがない
惨状《さんじょう》で
ある。

青森の西隣《どな》り
油川《あぶらかわ》では、
つぶれ家 412
男45 女54 圧死
男13 女11 焼死、
代官所、湊番所倒壊、
浄満寺《じょうまんじ》が炎上し
4名が焼死。

蟹田《かにた》では
つぶれ家34
男5 女9 圧死
男7 女10 焼死、
専念寺《せんねんじ》倒壊、
炎上し、
僧《そう》と尼僧《にそう》焼死。

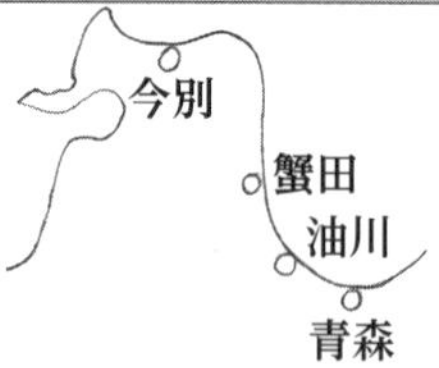

今別《いまべつ》では総家数60のうち
つぶれ家 43
本覚寺《ほんがくじ》本堂大破、
住職が下敷きとなり
亡くなった。
文書には
「今別町中《いまべつまちじゅう》
総つぶれ」
とある。

板柳《いたやなぎ》は岩木川河港として栄え、商家も多く、弘前本町なみのにぎやかな町であった。しかし震源に近く、被害甚大。
つぶれ家　621
焼失　11
男64　女66　圧死
男14　女17　焼死

板柳を代表する大商人**安田次郎兵衛**の広大な屋敷も全焼。家人など14人焼死。

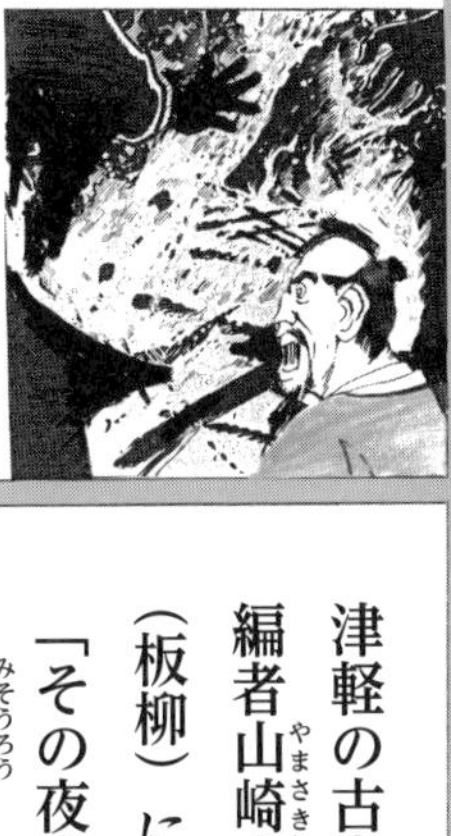

当日、安田次郎兵衛は正休寺《しょうきゅうじ》にいたが、寺が倒壊焼失し焼死した。

津軽の古文書『永禄日記《えいろくにっき》』の編者山崎立朴《やまさきりゅうぼく》は、館野越《たてのこし》村（板柳）に住んでおり、「その夜半ごろ、屋根より見候《みそうろう》ところ、国中つぶれ家の火事満ちて、おびただし」と地震・火災のおそろしさを書き残している。

黒石では
黒石陣屋《じんや》が全壊、
武家屋敷50のうち
31が全壊、
圧死　女4。
黒石領全域では
つぶれ家　384
死者　85
むむごい
黒石津軽家
菩提寺《ぼだいじ》
保福寺《ほふくじ》焼失。
住職が焼死し、
円覚寺《えんがくじ》住持は
法事のために
出かけた先で
圧死した。
農村も壊滅
津軽の農村も
想像を絶する大被害。
〔総　計〕
倒壊家屋　4730
焼失家屋　84
圧死・焼死　773
ぎゃあ
浪岡《なみおか》
倒壊家屋・焼失　650
死者　26
広須《ひろす》（つがる市柏《かしわ》）
倒壊家屋　52
死者　12

猿賀《さるか》、柏木《かしわぎ》、飯詰《いいづめ》、
田舎館《いなかだて》、常盤《ときわ》、藤崎《ふじさき》など
倒壊・焼失家屋　100〜300
死者　30〜45人

大光寺《だいこうじ》
倒壊焼失家屋　44
死者　11

藤代《ふじしろ》
倒壊焼失家屋　172
死者　8

増館《ますだて》
倒壊焼失家屋　545
死者　109

後潟《うしろがた》
倒壊焼失家屋　317
死者　79

金木《かなぎ》、広田《ひろた》、尾崎《おさき》、堀越《ほりこし》、高杉《たかすぎ》、
和徳《わとく》、木造《きづくり》、金木《かなぎ》
倒壊家屋　20〜80
死者　10人以下

大豪雪の冬で、屋根雪の重さが被害を増大させた。その一方で、貧しい暮らしの人々の家は、屋根より高く積もった雪に埋《うず》もれていたため、その雪がゆれ動く建物を支え、当日の倒壊は少なめであった。しかし雪どけが進んだ半月後、強烈な余震がくるとその多くが倒壊することになる。

この明和大地震以後、津軽では住家の骨組《ほねぐみ》を頑丈《がんじょう》にし、雪おろしの習慣が定着することとなった。

直下型にえぐられた津軽！

明和大地震は
内陸直下型地震、
震源は板柳。
地震は特に
青森、上磯《かみいそ》地区、
津軽平野南部から
西部にかけて
強かったと
思われる。

震源
北緯40度8分
東経140度6分
マグニチュード6.9
津軽山地西縁断層帯《せいえんだんそうたい》
西側で発生したと
推測される。

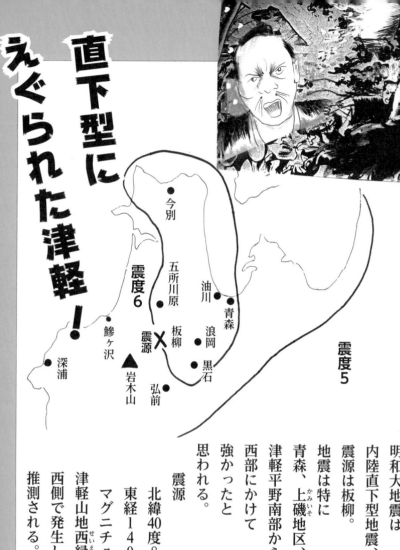

もちろん
弘前城下にも
大きな被害が出た。

激震と同時に
城内では
本丸御殿《ごてん》、櫓《やぐら》、
門、蔵《くら》などが
傾き、倒壊。
柵立《さくだて》はほとんど
が倒れ、
あちこちで
石垣、土塁《どるい》が
崩《くず》れ落ちた。

藩主信寧《のぶやす》は
参勤《さんきん》で江戸にいたが
5歳になる後継《あとつ》ぎ
松五郎（信明《のぶあきら》）と姫が
三の丸館《やかた》におり、
駆《か》けつけた家来に
守られ急ぎ避難《ひなん》。
家臣は総登城《そうとじょう》し、
城内外の警備《けいび》についた。

武家屋敷では
白銀《しろがね》町渡辺金十郎宅
ほか16軒が倒壊、
大浦《おおうら》町、大工《だいく》町、蔵人《くろうず》町、
本寺《もとてら》町の重臣邸、三の丸
亀甲《かめのこ》門、徒《おかち》町の長屋、蔵
が大破、女2人が圧死した。

城下では
北横《きたよこ》町、和徳《わとく》町、
田茂木《たもぎ》町、亀甲《かめのこ》町などで
全壊50、半壊87、
圧死15
くずれた家の
下じきと
なった者多数。
冬の寒さが
容赦《ようしゃ》なく
体温を
うばった…

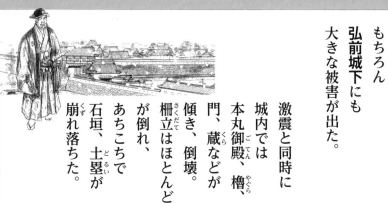

2月4日
弘前藩は地震の被害をまとめ、
江戸にいる藩主信寧《のぶやす》と幕府
あてに報告書を提出した。

圧死者　1024
焼死者　301
負傷者　153
死亡馬　447
役所倒壊　14
家屋全壊　5497
半壊　355
棚店全壊　682
土蔵全壊　198
家屋焼失　250
土蔵焼失　65
寺院倒壊　30
寺院焼失　4

堂社壊焼　17
堤防欠壊　13
橋損壊　134
山くずれ　2
死者合計　1325
住家壊焼合計　6102

この後も
余震が強く
12月まで続いた。

特に
2月8日の余震は
強烈で
半壊の家々は
次々倒壊した。
江戸より帰った
藩主信寧《のぶやす》も
三の丸御仮屋《おかりや》での
避難生活《ひなんせいかつ》
となった。

ぐおー
ガガガ
まだ地震だあ！

明和は天災地変《てんさいちへん》の
時代であった。
明和大地震から3年後。
1769（明和6）年
津軽一帯で**大風**が
吹き荒れ、死者120人
馬13頭が亡くなり、
船の沈没・大破23
米一万俵が海に沈んだ。

岩木山でもたくさんの死者が出た。
高杉、駒越《こまごし》、藤代《ふじしろ》、広須《ひろす》、赤石、
増館《ますだて》、大光寺《だいこうじ》、浪岡、猿賀《さるか》、
尾崎など、多数の者が山に入って
いたが、谷や沢に落ちたり、
疲労、寒さのため死者89人、
馬13頭が亡くなった。山歩きに
慣れない農民ばかりであった。

鰺ヶ沢では強風と
逆巻《さかま》く波にたたかれ、
米を運ぶ船が大破、
沈没し、
乗組員18人が
水死した。

翌年1770（明和7）年
なんと今度は
岩木山が鳴動《めいどう》！
強い地震も続き
人々を震《ふる》えあがらせた。

［明和7年］
1月27日
地震とともに
岩木山鳴動
1月29日
地震続く
6月・8月
強い地震
［明和8年］
元旦に強震
［明和9年］
3月
強い地震
4月2日、3日、13日、
15日、26日と続く

［安永9年］
6月19日
1日で地震6回
［天明2年］
2月13日、14日
地震続く
岩木山活動す
8月15日
強震と鳴動
10月～
白煙を
吐き続ける
［天明3年］
2月2日
地震と白煙
硫黄《いおう》も噴出《ふんしゅつ》
9月13日、14日
強震
・・・

餓《が》鬼《き》地《じ》獄《ごく》

明和大地震で大打撃をうけた上、
不順天候、大凶作《だいきょうさく》、
そして岩木山鳴動・連続地震！
さらには弘前藩が
年貢米《ねんぐまい》すべてを
江戸・大坂へ送ってしまう
という政策《せいさく》の失態《しったい》も重なり、
津軽は食べる物がなく
大飢饉《だいききん》となった。

凶《きょう》荒《こう》酸《さん》鼻《び》図《ず》絵《え》

火つけ、強盗《ごうとう》が横行《おうこう》し、
食用に牛、馬、犬、ねこ
はもちろん、人肉まで
食べた。
天明《てんめい》年間には
1年で津軽総人口の
3分の1にあたる
8万人が
亡くなったとされ、
津軽では
地獄図絵《じごくずえ》の世界が
くり広げられ
たのである。

水の巻

濁流《だくりゅう》の猛威《もうい》

天保《てんぽう》大蛇《だいじゃ》流れ

弘前の呪《のろ》われた夏

西浜大津波

白魔《はくま》乱舞《らんぶ》

濁《だく》流《りゅう》の猛《もう》威《い》

災害には
いろいろあるが
被害が大きいのは
水害である。
○災害数が多い
○広範囲である
○食料生産に影響する
○大飢饉につながる

昔は
自然な水の流れの
原始河川《げんしかせん》ばかりで、
堤防も貧弱なため
大雨がふるたび
大きな被害が
くり返され
人々を苦しめ
生命を奪った。

天保大蛇流れ《てんぽうだいじゃ》

1844（天保《てんぽう》15）年7月
この年は5月から七夕まで
雨が一滴《いってき》も降らず
作物が枯《か》れ
大かんばつと
なっていた。

ところが
7月8日——
雨が降り出すと
初め、弘前城下では
めぐみの雨と
なったが、
碇ケ関《いかりがせき》山中に
降った雨が
大惨事《だいさんじ》を招いた。

その100日前――
4月。
碇ヶ関山中で
長雨による
土砂くずれがおこり、
土砂は谷川に落ち込んで
流れをせきとめ
大きな沼となった。

住民は
「気味が悪い」
「これは大蛇のしわざ」
と、恐れおびえ
いつしか
その沼を
大蛇沼《だいじゃぬま》と呼んだ。

7月9日。
碇ヶ関山中を
集中豪雨が襲う！
一気に谷川に流れ
大蛇沼に
流れ込んだ！

4月の土砂で
築かれた
もろい大蛇沼の堤《つつみ》。
支《ささ》えきれる
わけがない。

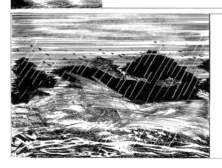

天保15年7月10日
(1844)
午前11時

大蛇沼　決壊

大蛇沼が
轟音《ごうおん》ともに決壊、
山のごとき濁水が
一気に流れ下った。
湯の沢鉱山を
吹き飛ばし
4人の男を
呑み込むと
さらに
平川に合流！

水勢はさらに増し、
大蛇のごとく
白沢橋《しらさわばし》
碇ケ関仮屋形《いかりがせきかりやかた》
(藩の建物)
を打ち砕き、
家々を押し流し
街道を川にして
しまった。

家々は軒まで水につかる。
すさまじい水と泥の
かたまりは
長峰《ながみね》、**蔵館**《くらだて》を
押し流し、
山にぶつかり
方向を
かえると、
大鰐村《おおわに》へ
殺到《さっとう》した。
正午。

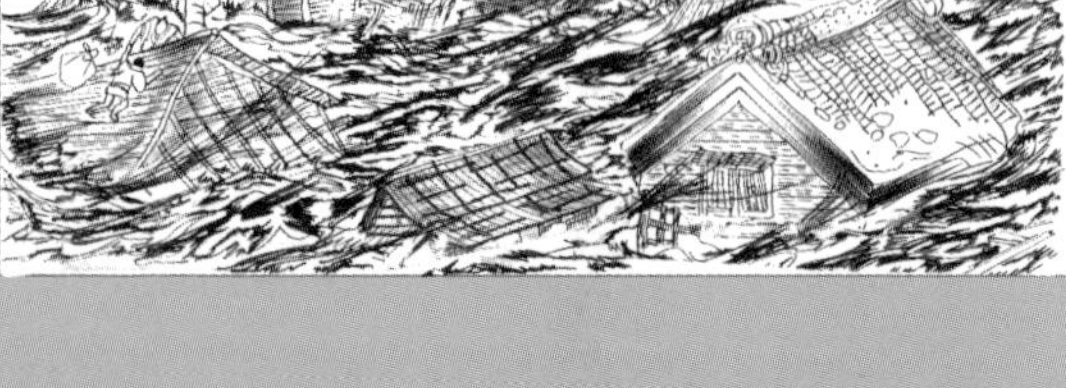

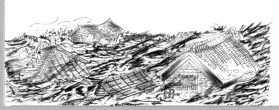

『封内事実苑《ほうだいじじつえん》』
「急に山のごとく
ふしぎな水押し来たり
蔵館うしろより
大鰐へまっすぐ
襲いかかりそうろう」

山にはさまれた大鰐を
濁流《だくりゅう》がつっ走った。
急速かつ巨大な洪水！
住民は
大山のごとき波が
家の中にドッと
流れ込み、
やっと気がつく始末。

水、水、水
村じゅうの家が
濁流につかって
浮かび流されている。
屋根の上にあがり
流されていくしか
なかった。

宿川原《しゅくがわら》、鯖石《さばいし》、石川《いしかわ》、
尾崎《おさき》、岩館《いわだて》、杉館《すぎだて》、
猿賀《さるか》、大光寺《だいこうじ》、大袋《おおふくろ》
……
皆、首のあたりまで
水につかり
流されていく。

『天保十五年洪水記』
猿賀《さるか》、大袋《おおふくろ》では
9人ほどの大人を
乗せたまま
屋根が流れた。
川の曲がりに
くると
濁流がうずを
巻《ま》く。
9人の乗った
屋根は
くるくると
回転したかと
思うと
遠く助けを
呼ぶ声
とともに
濁流の中に
消えていった。

えぃつこ(嬰児籠)に
入ったまま
流されてくる
赤子がいた。
濁流の勢い激しく
助けてあげる
ことが
できなかった…

神社の鳥居《とりい》に
抱きついたまま
念仏を
となえながら
流されていく
老婆《ろうば》も
あった、
が――。

7月11日になっても
村や畑に
濁流が
うず巻いていた。

村々の惨状は
目をおおうばかり
であった。
堀越《ほりこし》、境関《さかいぜき》、
大袋《おおふくろ》など
下流の村々に
ぞくぞくと死体が
流れ着いた。
もちろんこの大洪水は
平川だけではない。
その後の雨で
岩木川、浅瀬石川《あせいし》、
金木川《かなぎ》、薄市川《うすいち》、
今泉川《いまいずみ》、相内川《あいうち》、

六羽川《ろっぱ》、島田川《しまだ》…など
大被害となった。

9月24日。
弘前藩は幕府に
被害を届け出た。

流《る》死《し》人《にん》	57（男25 女32）		
流《る》斃《へい》馬《ば》	2	流《なが》れ家	113
潰《つぶ》れ家	14	痛《いた》み家	291
流れ土蔵	24	痛み土蔵	3
流失《りゅうしつ》橋 大小とも	240	破損橋 大小とも	608
流失水門 破損とも	17	流失用水樋《ようすいどい》	158
破損用水樋	113	破損用水留《ようすいどめ》	107
破損埋樋《うめどい》	189	流失樋	9880
山崩れ	93	川欠け	188
屋敷川欠け	69	流失留切《とめきり》	2
破損留切	11	破損堤	87
街道欠壊	118	破損出温泉	4
流出湯小屋	20	破損湯小屋	49
流失木材	2067本	並木根返り	175本
田方	（川欠け、水押し、湛水とも）		936町歩
畑方			420町歩

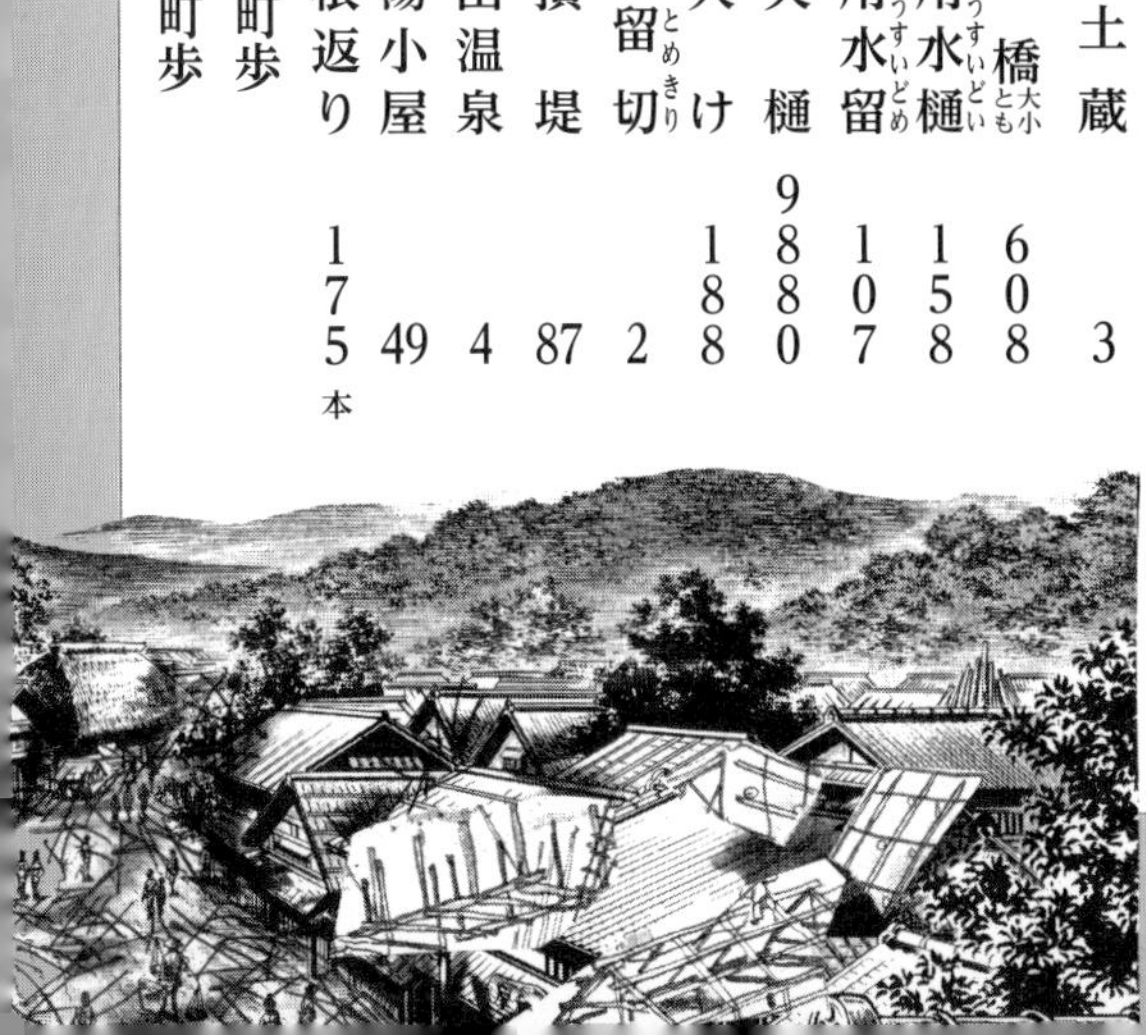

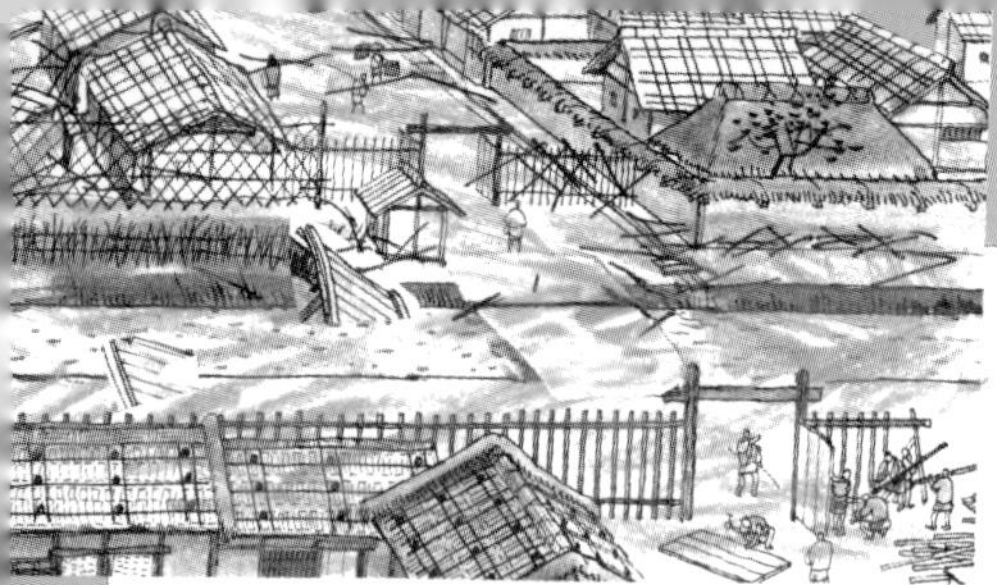

弘前の「呪《のろ》われた夏」

1744（延享《えんきょう》元）年夏は
弘前にとって「呪《のろ》われた夏」となった。
日照《ひで》り続きのかんばつ、
弘前史上最大の大火（409軒焼失）、
弘前城主26歳で逝去《せいきょ》、
豪雨洪水で弘前の橋すべて
流失などなど、
激甚災害《げきじんさいがい》や凶事《きょうじ》が
次々に続いた。
その年の2月、
「寛保《かんぽう》」から
「延享」に年号が
あらたまったばかりだ
というのに、
「災厄《さいやく》の夏」、
「呪《のろ》われた夏」と
なった。

この年は
春から
日照《ひで》りが続き、
領内で
雨乞《あまご》い祈祷《きとう》を
おこなった。
かいあって
5月19日
待望の雨が
降り出した。

ところが
5月25日、
弘前藩主
津軽信著《のぶあき》が
亡くなった。
26歳。
そして
6月——
大雨が襲う！
岩木《いわき》川、平《ひら》川、
十川《とがわ》、飯詰《いいづめ》川、
土淵《つちぶち》川、大和沢《おおわさわ》川、
浪岡《なみおか》川、堤《つつみ》川、
蟹田《かにた》川、今別《いまべつ》川、
舞戸《まいと》川など
いっせいに
大暴れとなった。

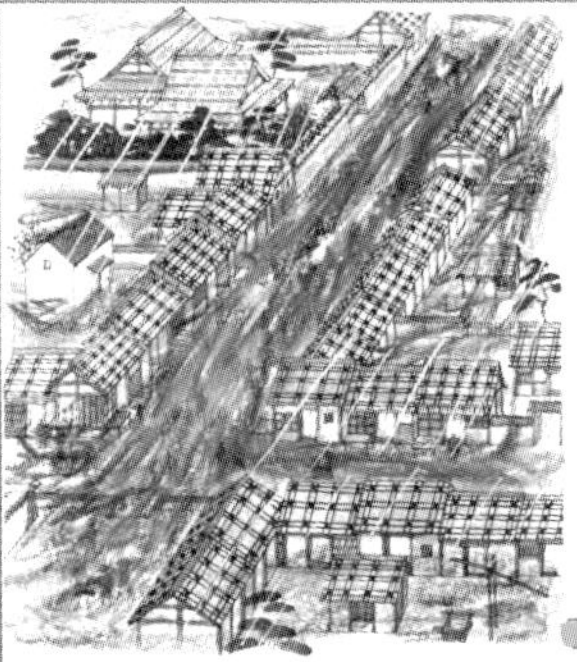

城下弘前では
久渡寺山《くどじやま》から流れる
河川がみな増水。
茂森《しげもり》町、新寺《しんてら》町の
橋も流され
巨大な溜め池
南溜池《みなみためいけ》（今の弘前
大学医学部野球場）
に濁水がみなぎった。

人工の
溜め池
南溜池は
水勢を支《ささ》え
切れずに決壊、
富田《とみた》村の溜め池も
崩れ、**土淵川**《つちぶちがわ》が
激流と化した。
土手町《どてまち》大橋（今の蓬莱橋《ほうらいばし》）、
徒《おかち》町橋、東長《ひがしなが》町橋などすべてが
落ち、流れ去った。

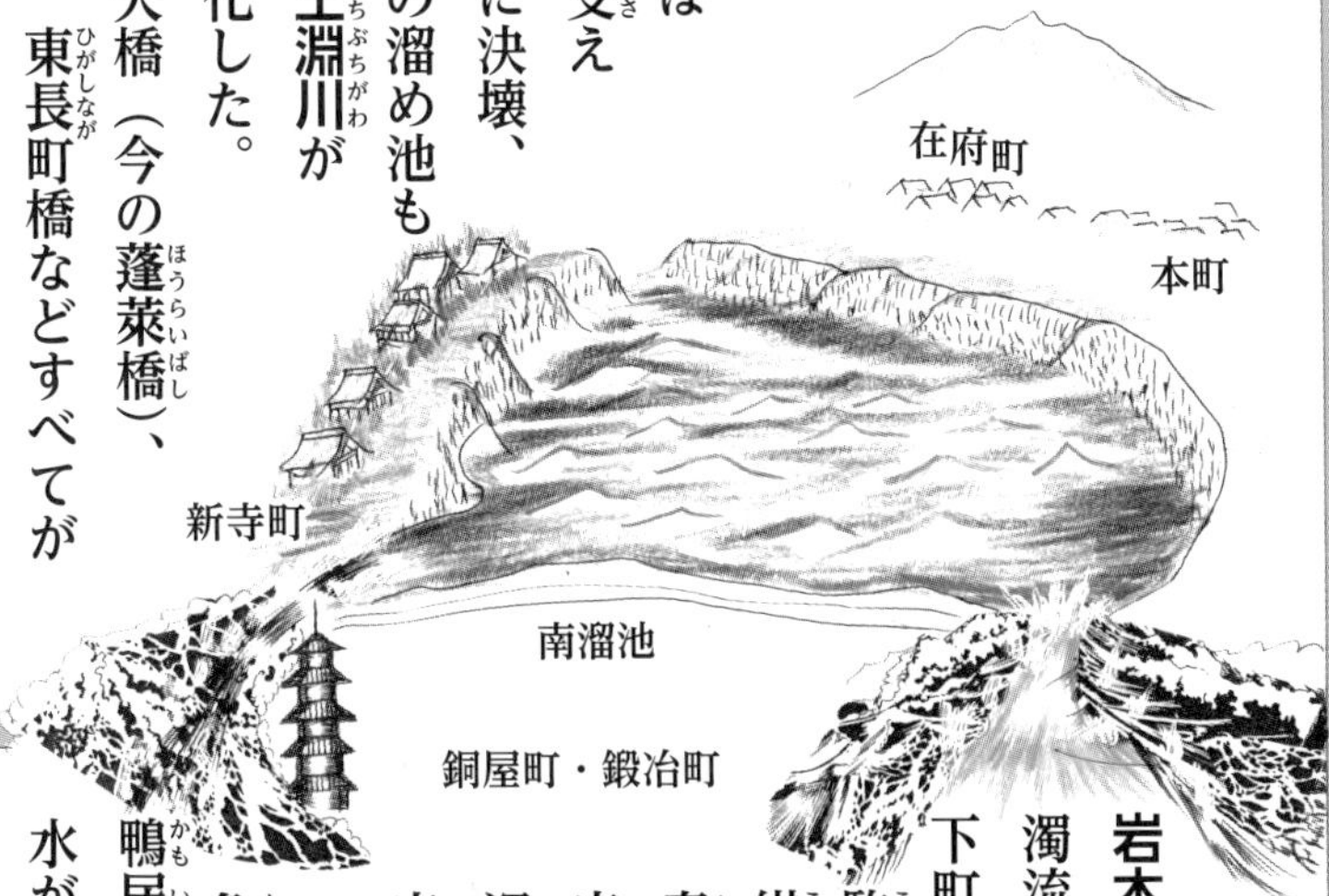

岩木川でも
濁流が
下町へ流れ込み、
駒越《こまごし》、荒《あら》町、
紺屋《こんや》町、若党《わかどう》町、
春日《かすが》町など
床上浸水、
深い所では
床上二尺（60㎝）
の浸水であった。
亀甲《かめのこ》町では
鴨居《かもい》（180㎝）まで
水があがった。

青森では**堤川**《つつみがわ》がはんらん
諏訪堤《すわづつみ》が切れ、堤川大橋大破、
松森町、大工町も橋が流され、
通行が途絶した。

岩木川、平川、浅瀬石川
を集めた
大川は、
堤防決壊
数えきれず、
村も田畑も
濁流が洗《あら》った。

水魔・火魔・天魔に
ほんろうされる弘前藩。
新藩主はまだ6歳の少年だった…。
（7代藩主信寧《のぶやす》）

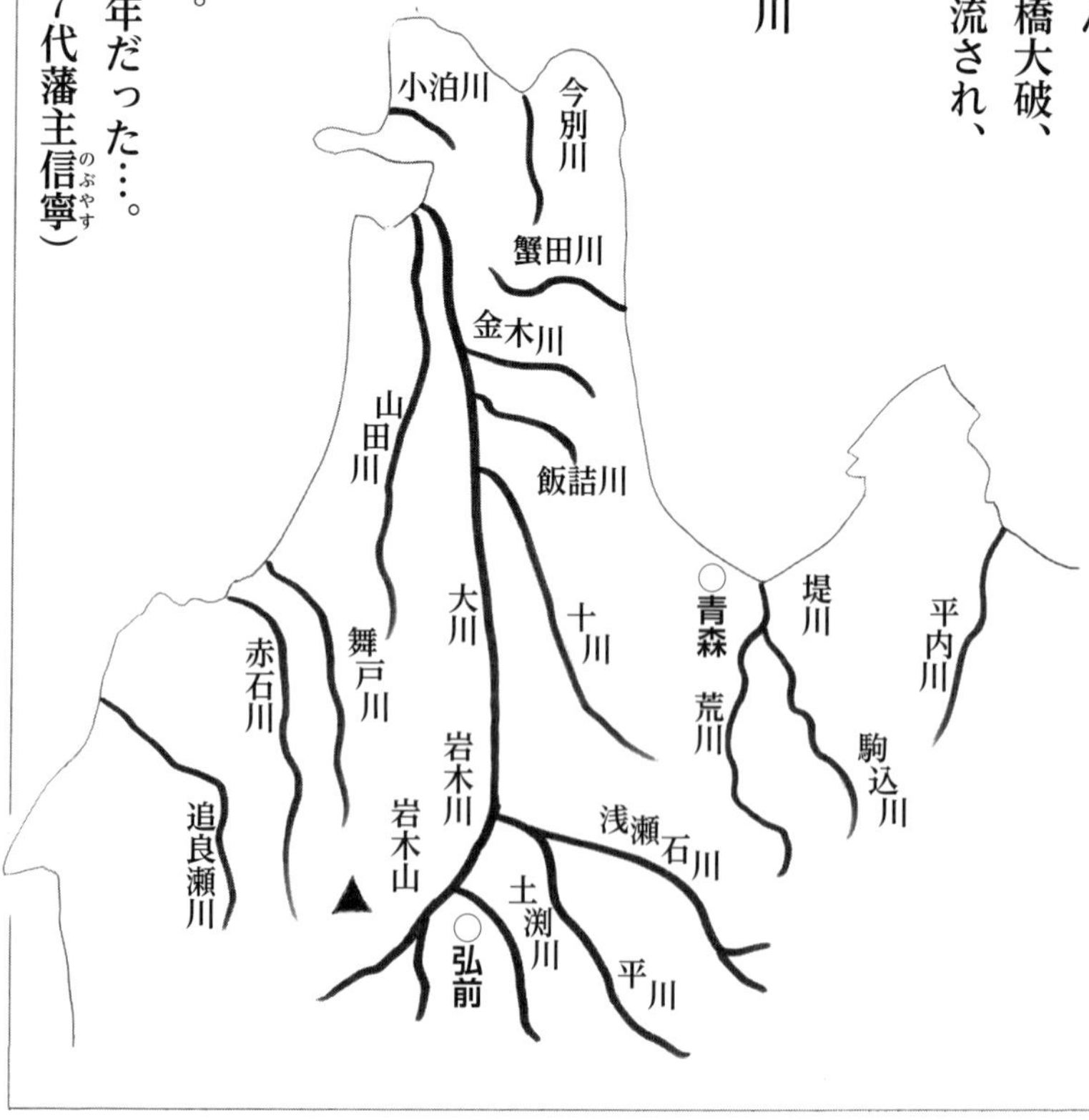

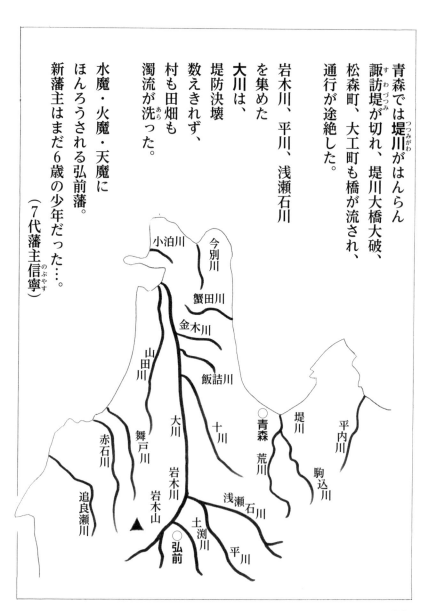

暴《あば》れ川岩木川

弘前の洪水対策として有名なのが、**駒越川**《こまごし》と**樋の口川**《ひのくち》の二本にわかれて流れていた**岩木川**のうち、樋の口川を留《と》め切《き》り、今の岩木川の流れ一本にしたことである。
［1682（天和2）年］

しかしその後も大雨がふると何度も氾濫《はんらん》し、弘前城西濠《にしぼり》など樋の口川あとを濁流がつっ走った。

下町は濁流の海となり、弘前八幡宮、今の八幡《はちまん》町周辺でも泥水が腰まできたと記録にある。

人々は恐怖におののき、ひたすら雨がやみ水がひくのを祈《いの》るよりなかった。寒い季節にはこごえ死ぬ人々も少なくなかった。

江戸時代ばかりではない。

1958（昭和33）年の**岩木川洪水**では下町にあふれた濁流が現在の青山・宮園地区をこえ、堅田バイパスや

今の弘前警察署のあたりにまで押し寄せた。

岩木橋があわれまっぷたつに…

亀甲通りも濁流の海。右は弘前公園の堀。

当時の弘前公園内、弘前市陸上競技場（今のレクリエーション広場）も一面、岩木川の水に沈んだ。

北門（亀甲門）周辺も水が入り、突然の水害に市民は大混乱となった。

西浜大津波

1741
（寛保《かんぽう》元）年
西海岸
7月18日
夕方
海鳴りとともに
潮が引き、
はるか沖合まで
干潟《ひがた》になった――
ややっ！
なんと！
夜の闇が
せまったころ、
黒山のような
大津波が
どっと
押し寄せた！
うわあ
海底地震
によって起きた
大津波で
あった。
おそろしい

寛保元年7月18日
（1741）

西浜大津波来襲

浜辺の人々は
おどろきあわて
帯《おび》もしめずに
闇《やみ》の中を
逃げまわった。

金井沢《かないさわ》番所の
長谷川理助は
丸裸《まるはだか》のまま
番所の屋根に
登ったが
番所ごと流されたた
――。

大津波は猛烈な
勢いで
人家、田畑を
押し流し、
人馬、赤子を
のみこんでいく。

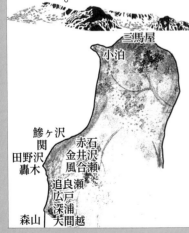

西は大間越《おおまごし》から
深浦《ふかうら》、金井沢《かないさわ》、赤石、
鰺ケ沢《あじがさわ》、関、田野沢《たのさわ》、
轟木《とどろき》、追良瀬《おいらせ》、広戸《ひろと》、
風合瀬《かそせ》、森山、小泊《こどまり》、
三馬屋《みんまや》まで、
浜通りに大打撃を
与え、惨禍《さんか》をもたらした。

鰺ヶ沢の海では
商船16艘《そう》が沈没。
海水が川を逆流し、
堀切橋《ほりきりばし》を破壊、
防波堤も決壊、
住民を
戦《おのの》かせた。

金井沢でも
旅船《たびぶね》4艘《そう》、
地船1艘が
波間に消え、
水主《かこ》8人が
亡くなった。

大間越《おおまごし》では
森山村の浜辺に
他領から来た
商船が乗り上げ
大破。
水主《かこ》が亡くなった。

深浦でも
商船6艘が
破損した。

小泊村《こどまり》には
津波が遅れて襲来《しゅうらい》、
人家43軒、
船の破損51艘、
男10人（水主）、
牛2頭が
命を奪われた。

三馬屋村《みんまや》でも
人家が3軒
押し流され、
家財道具、食料を
波にさらわれた。

弘前藩の記録によると、この西浜大津波の被害は

死者　35
つぶれ家　120
いたみ家　56
破船　167
いたみ船　6
水田　50町歩
畑　1町5反
波除け堰　3ヵ所
決壊
番所　1ヵ所流失
馬　4頭死亡
牛　2頭死亡

北海道松前でもこの大津波は大きな被害を与え、海沿い170kmにわたって人家や船が流され、70人が亡くなっている。

この西浜大津波の教訓が活《い》かされ、津波の恐ろしさが伝えられていれば、**日本海中部地震（昭和58）**、**北海道南西沖地震（平5）**で、あれほど多くの津波被害者を出すことはなかったと思われる。

白魔乱舞！

大雪のため
人馬往来
あいならず

―弘前藩雪害の記録―

東長町《ひがしながまち》の私《おら》の家《え》の
屋根さ上がったきゃ、
見えるものは
雪っこばっかし。
おろーっ!!
ずっと向《む》ごうさ
新寺町《すんてらまぢ》のお寺《でら》っこ
見えでらじゃあ。
ふだんだば
全然見えねんず！

本州の北の果て弘前藩。
豪雪・大雪の記録は
たくさんある。

○雪おろしは
月に6～7回

○おろした雪が
屋根より高い。

○みんな2階の窓から
雪の階段で
家の出入り

○町中は、雪の穴を
くぐって店に行く。

○82歳もと奉行
角田弥六《かくたやろく》
「これほどの大雪
覚えこれなし」

○武家屋敷《ぶけやしき》の雪は
生け垣《いがき》より高く、
町家《まちや》の雪は
大屋根より高い。

○「50、60年、
見たことのない
厚雪《あつゆき》」

…

享保の豪雪

1719（享保《きょうほう》4）年は
まれにみる豪雪だった。
特に12月はひどかった。
雪の止《や》む日が
なかった。
多い所では
3m以上の雪で
人の往来が
途絶える
ほどであった。

あまりの雪の重さに
たえきれず、
長勝寺《ちょうしょうじ》の
老松も
薬王院《やくおういん》の
大杉も
地ひびきをたて
倒れた。

12月17日は
一日中雪

12月18日の夜中は
さらに1mも
積もる大雪が降り、
悲しい雪の
事故がたくさん
記録されている。

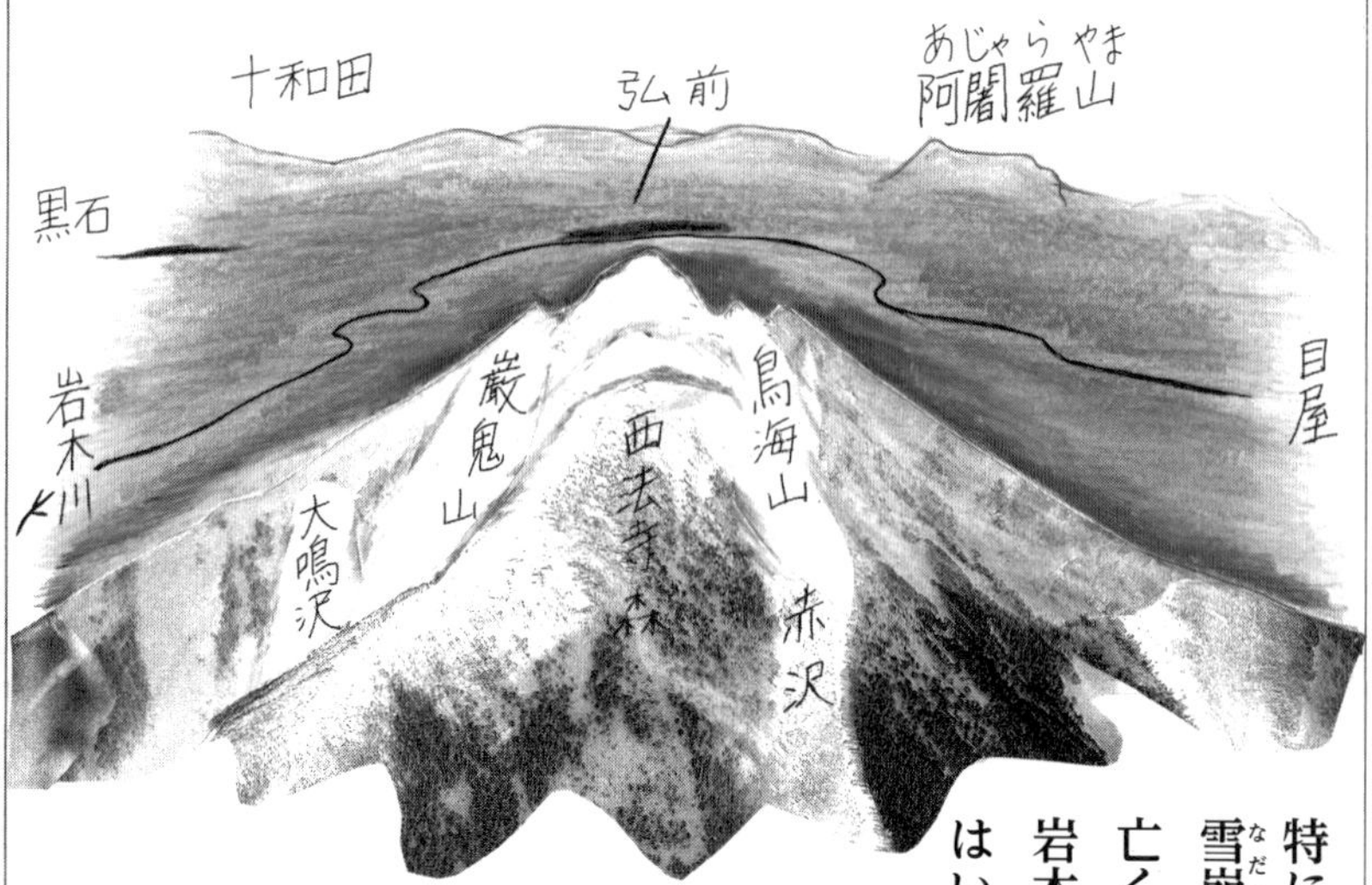

特に
雪崩《なだれ》でたくさんの人が
亡くなっている。
岩木山や目屋《めや》の山に
はいった山子《やまご》（きこり）が
たくさん亡くなった。
杣《きこり》小屋がつぶれて
圧死したり凍死
したりした。
中畑、桜庭、葛原《くずはら》、
田代の22人だった。
別の山でも20人の
山子が、永久に
帰ってこなかった。

12月19日には
浪岡でも雪崩があり、
人家3軒つぶれて
12人が圧死。
中野の後ろ山でも
雪が走り
23人と馬5頭が
生き埋めに
なった。

天保（1830～45）も豪雪・猛吹雪の時代だった。

1841（天保12）年12月28日津軽一帯、猛吹雪が荒れまくり、**出来島**《できしま》(つがる市)では7人が雪に埋まって凍死。

鰺ヶ沢も**深浦**も大荒れで、舞戸川に荒波が入り込み、大橋破損、船もたくさん損傷した。

1843(天保14)年には10月から大雪。「町中人馬往来　あいならず」あまりの深い雪で交通が途絶えた。

1844（天保15）年2月24日**酢ヶ湯**《すかゆ》で大雪崩、湯治客9人を生き埋めにした。

12月にも猛吹雪。**青森**では新町、安方、米町で屋根がとんだ家180軒。

弘前でも城内破損多数、あまりの雪の多さに、正月儀礼延期《ぎれいえんき》、松原街道で並木松34本が根返りした。

災《さい》魔《ま》往来

地球温暖化が
加速し、
爆弾低気圧、
ゲリラ豪雨、
数十年に1度の
大雪警報など、
自然災害が
パワーアップ！
「記録的短時間大雨情報」
「命にかかわる危険な大雨」
「これまで経験したことのない大災害！」

と、ぶっそうで脅迫めいた
警報が続々と。
できれば
経験したくない
大災害！

寒冷地では
地震、洪水などを
凌《しの》いでも、
凍死・低体温症など
二次災害で
命を落とした例も
少なくない！　要注意！

火の巻

火《か》焔《えん》地《じ》獄《ごく》

青森大火焼失家屋1400

城下弘前炎上

江戸時代は大火が多い。
暖房や照明に
火やろうそくを使い、
木造、密集、長屋など
燃えやすい建物が多く、
防火・消火設備も整っていなかった
ためである。
火の用心をしていても、
ひとたび火事になると
大火になる場合が多かった。

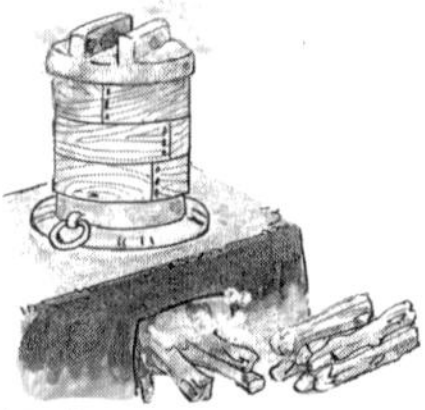

弘前、青森は
もちろん、
鰺ヶ沢では
100軒以上
焼失した
大火が5件、
黒石でも
1864（元治《げんち》元）年に
400軒以上焼失した
大火があった。

青森の火事

青森は大火がとても多く、
その被害も弘前、八戸に
比べ大きい。

なかでも
1783（天明《てんめい》3）年11月12日の
浜町、大町、米町などの大火は、
町の大半である1476軒を焼失、
津軽最大の大火であった。

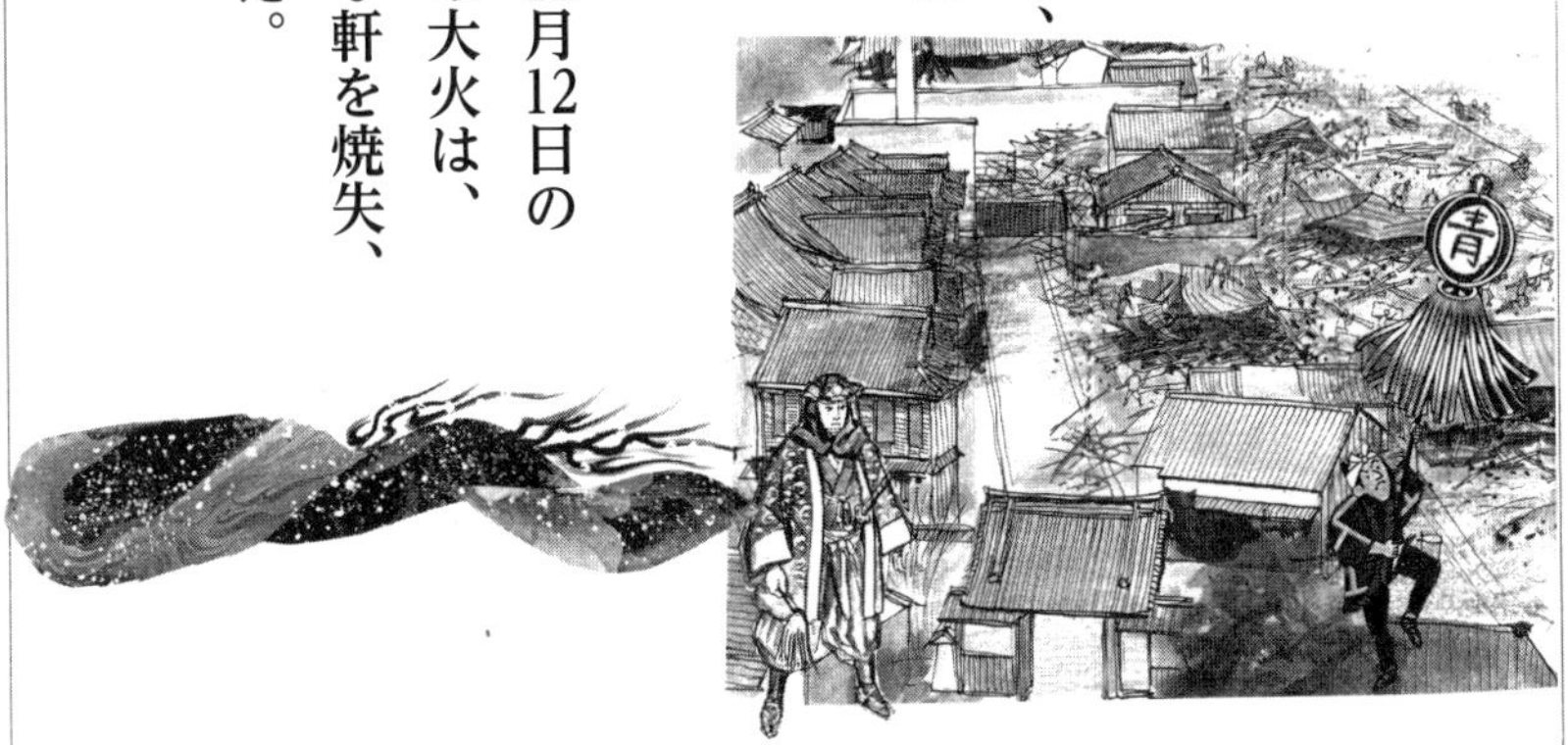

また
1814（文化11）年
4月29日　600軒焼失
1859（安政6）年
5月21日　904軒焼失
1853（嘉永《かえい》6）年
4月2日　413軒焼失
1861（文久《ぶんきゅう》元）年
3月21日　403軒焼失
など、100軒以上の大火が
ほかに10件ほどある。

青森が港町で風が強く、
人口も増え
家屋が密集した
大きな街に
なっていたためである。

津軽最大の大火

天明青森大火

天明3年11月12日（1783）

天明3年11月12日（1783）青森大火

火が出たのは
夜であった。
午後9時すぎ
安方《やすかた》町長次郎の
家が燃えあがり、
激しい風に
あおられて
東へと広がり、
町の両側を
焼き尽くし
大町に移った。

上大町、下大町を
全焼、米町《こめまち》に広がり
上米町の北側と
毘沙門《びしゃもん》通り両側を
焼いたころ、夜が明け
はじめたが、火の手は

いっこうにおさまらない。
弘前城へ急使が走り、
喜多村監物《きたむらけんもつ》、大道寺《だいどうじ》
靫負《ゆきえ》、山本三郎左衛門《やまもとさぶろうざえもん》
らが消火隊を引き連れ
駆けつけた。
しかし猛火の勢いに
手のほどこしようがなく、
逃げまどう人々を
誘導《ゆうどう》するだけで
あった。

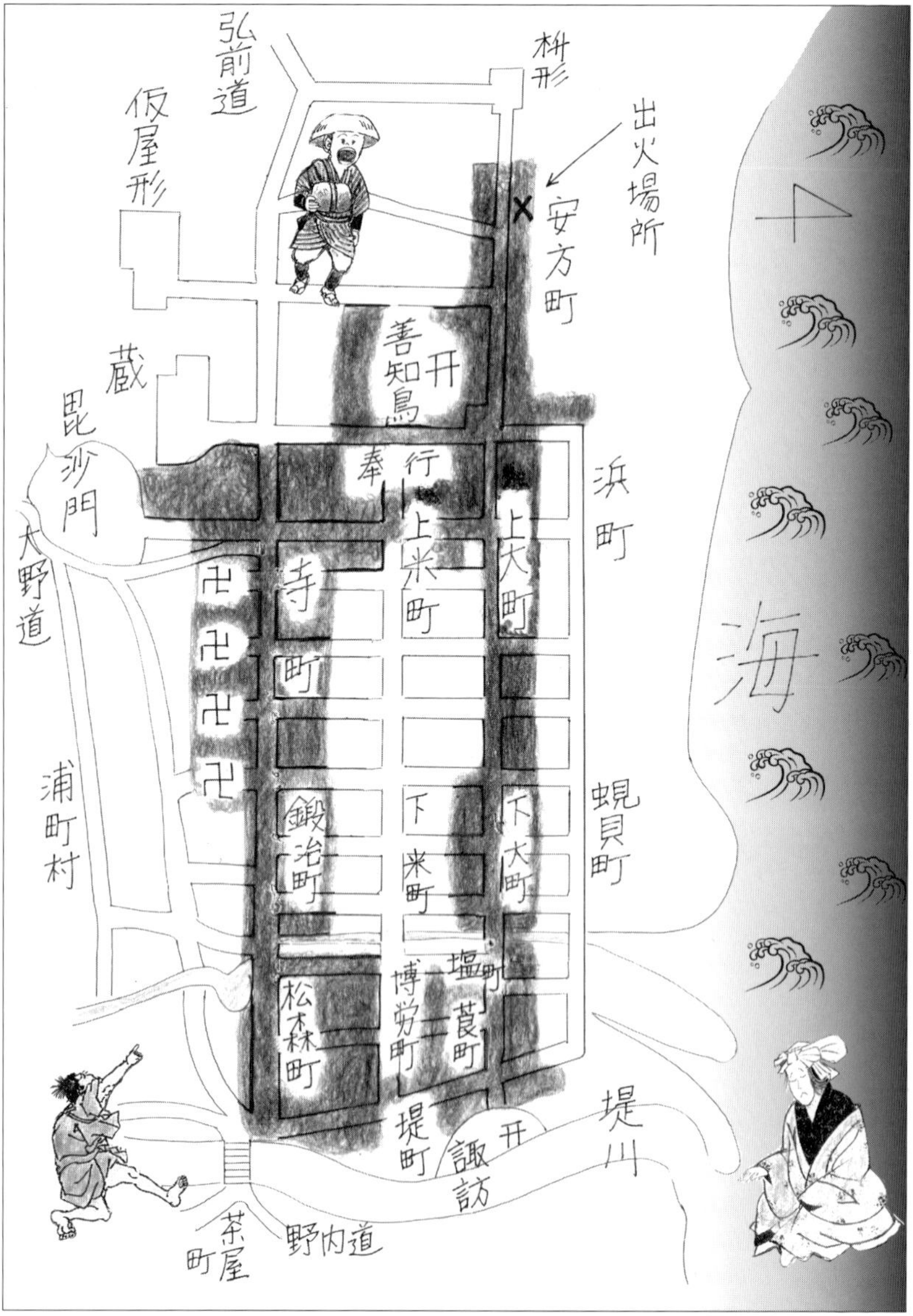
弘前道
仮屋形
枡形
出火場所
安方町
善知鳥
蔵
毘沙門
大野道
奉行
上米町
上大町
浜町
海
寺町
鍛治町
下米町
下大町
蜆貝町
浦町村
塩町
博労町
蒖町
松森町
堤町
諏訪
堤川
茶屋町
野内道

紅蓮《ぐれん》の炎は
13日いっぱい
燃えさかり、
安方町　３０４軒
大町　３０８軒
米町　１４１軒
寺町・鍛冶《かじ》町　２４８軒
博労《ばくろう》町・松森町・堤町　２４４軒
蜆貝《しじみかい》町　22軒
大工町　83軒
他
合計　１４７６軒

そのほか
土蔵、奉行所、
お寺、橋なども
焼けてしまった。

あまりにひどい
大火。
あまりにむごい
この被害。
皆、焼けあとに
ぼうぜんと
立ち尽くすのみ
であった。

ところが
その3日後——
放火犯が意外な場所で
捕《つか》まることとなった——

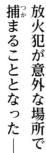

11月15日夜
藤崎村百姓
左五右衛門《さごえもん》ら、
表通り小見世《こみせ》の屋根に
放火した三人組が
捕まった。

後潟《うしろがた》　孫作、保次父子、
油川　田沢　又右衛門
であった。
追及したところ
青森での放火も自供、
後潟　寅、なへ、鉄、
伊之助、
安方　子之助、伊之
と判明、
18日に召し捕った。
火事場どろぼうが
目的で、
盗んだ品々を
運ぶための
馬まで
用意する
ほどであった。

火《か》炎《えん》暴《ぼう》走《そう》

実はこのころ
不注意による
火事も
もちろんあったが、
大飢饉から
治安が乱れ、
どさくさにまぎれ
盗みをはたらいたり
食べ物のうらみによる
放火がとても
多かったのである。

青森大火が
あった夜は
強風で、
その夜は
大間越《おおまごし》　23軒
増館《ますだて》　12軒
嘉瀬《かせ》　7軒
横内　13軒
16日夜
金木　19軒
20日夜
広戸　10軒

など火事（放火ふくむ）が
あいつぎ、
住居、家財道具を
失った者10数人が
凍死する
悲劇まで加わった。

火付けは
女性も少なくなく、
火を付けられるのは
大家《おおや》・親戚が多く、
食べ物をせがんで
断《ことわ》られたため
それをうらんでの
放火が
ずいぶん多かった
のである。
10月から12月までの
3ヵ月間だけで、
火事135件、
焼失家屋
2157軒にも
のぼっている。

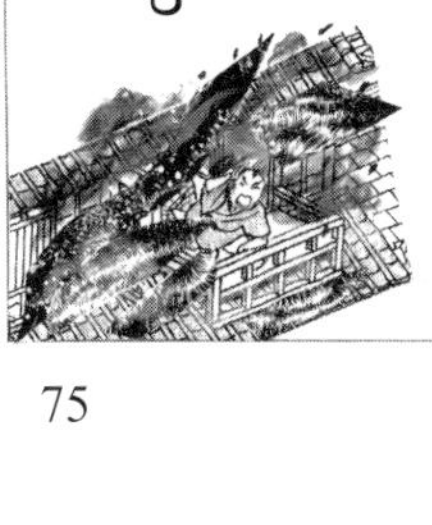

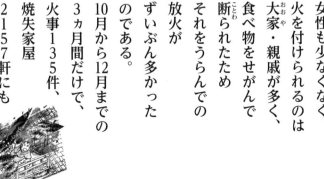

弘前藩は
続発する
火事を防ぐため
夜廻りを強化、
住民も不寝番《ふしんばん》
を置いて警戒した。

それでも
火事はへらないため、
放火犯は役所へ
届けず、
見つけしだい
私刑《しけい》にかけてよい
こととなった。

石を抱かせて
川へ投げ込んだり、
なぐり殺したり、
寒い夜、裸のまま
しばって戸外に
さらし、凍死
させたりした
記録が
残っている。

1828（文政11）年3月24日
蔵館村《くらだて》（大鰐町）で火事があった。
おりからの強風に
あおられて
村中に燃え広がり、
とうとう
総住家69軒すべてを
焼き尽くしてしまった。

弘前藩では
○五人組でおたがい火の用心をすること
○強風の時は特によく見廻りし、
ろうそくにはよく注意すること
○出火の場合はすぐもみ消し
働きによってほうびを与えること
○出火の場所にただちに
駆けつけない者は罰すること
○長勝寺など寺院街で出火した時は
火消番が駆けつけるまで、寺々の僧侶《そうりょ》が
御位牌《ごいはい》などを守ること
○お寺・神社は特に灯明など
火の用心に気をつけること
等々、厳しい通達がくり返し出された。

弘前の大火

弘前の大火といえば
1649(慶安2)年5月3日
横町（今の東長町） 算盤屋《そろばんや》
久兵衛《きゅうべえ》から出火し、
寺町(今の元寺町)寺院街を
焼失、あらたに新寺町を
つくることになった大火が
有名である。
しかし
『津軽偏覧日記《へんらんにっき》』を
見ると、すぐに
新寺町に決まった
のではないことが
わかる。つまり、
最初の計画では、

今の**城北**・
春日町・**宮園**・
青山方面に寺町を
移そうとしたが、
防風・防火の見地から
南の**新寺町**の場所にお寺を
建てることに変更したこと
が書かれてある。
町づくりを進めるにあたって
火事を防ぐことが、重要な
課題だったのである。

慶安3年2月
『津軽偏覧日記』
城北・春日（町） のあたりに
新しい寺院街をつくろうと考えたが、
毎年城下に南風が強くあたるので
防風のため南に大きな寺をならべ
新しい寺町をつくることとする。

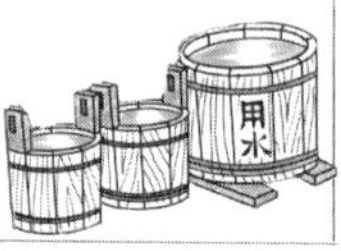

弘前最大の大火

呪《のろ》われた夏

1744(**延享**《えんきょう》元)年5月11日の大火が、弘前最大の大火である。

本町、親方町、一番町、大工町、下土手町、武家屋敷など409軒を焼失している。

弘前延享大火の焼失区域

そのほか、1677(**延宝**《えんぽう》5)年9月4日親方町、白銀町、85軒焼失。1862(**文久**《ぶんきゅう》2)年6月16日下土手町、一番町など95軒焼失の記録が残る。城下町は身分によって居住区が定められており、町人・職人など木と紙の家が密集する地区では、数年ごとに火事にあった。城下町ならではの不幸であった。

弘前の消防組

1795（寛政7）年頃、江戸にならい弘前城下でも消防組がつくられた。

下の12組であり、1799（寛政11）年6月町々にそれぞれ半鐘《はんしょう》を備えることとあわせて許可となっている。

○本　町	本町・新寺町
○鍛冶町	鍛冶町、桶屋町、銅屋町、
○親方町	親方町、大工町、長町
○土手町	土手町、松森町
○富田町	富田町、品川町
○和徳町	和徳町、萱町、北横町、南横町、田町
○東長町	東長町、寺小路、鞘師町、鉄砲町、一番町
○亀甲町	亀甲町、禰宜町、馬喰町
○紺屋町	紺屋町、御蔵町
○新　町	新町、駒越町、平岡町
○楮　町	楮町、紙漉町
○茂森町	茂森町

「火事と喧嘩《けんか》は江戸の華」と言われ、粋《いき》ではなやかに火消しが活躍するイメージだが、火災は生活に深刻なダメージを与える。一年の半分以上暖房が必要な寒冷地弘前で火災は大きな社会問題であり悩みのタネであった。

〔弘前城下のルール〕

火災の合図は
○鐘撞堂《かねつきどう》で火の見の足軽が早鐘《はやがね》をつく。
○その鐘により、二の丸の時太鼓櫓《ときだいこやぐら》が、城内火災の場合は早太鼓、茂森町、本町、蔵主町、亀甲町、紺屋町、馬屋町の場合は早めに5つ打つ。
○その他の場合は太鼓は打たない。

鎮火の合図は
太鼓櫓で銅鑼《どら》を5つ宛静かに15打する定めとなっていた。

風の巻

北の大地に風禍《ふうか》襲来

100年に1度の大風

恐怖の竜巻襲来

青森に大霰《おおあられ》

寒冷地津軽は
大風の被害
記録も
多数あり、
そのつど
人々は
命や暮らしを
おびやかされた。

1678	延宝 6	大雨風で各地に被害。鳥獣《ちょうじゅう》多数死ぬ。
1707	宝永 4	大雨風、岩木川・石渡川出水、田畑大被害
1739	元文 4	大雨風被害甚大。塩からい雨降る。田茂木町、蔵館で大木倒れる。
1775	安永 4	大風、城郭破損
1789	寛政元	大風、つぶれ家・人馬被害大。岩木川暴雨出水。
1791	寛政 3	大風、倒木 1 万 2000 本
1792	寛政 4	大風　西浜で破船多数、稲実らず
1817	文化 14	岩木川、平川氾濫、田畑被害大、竜巻

100年に1度の大風

1791（寛政3）年
8月と9月、2度の
大風が吹き荒れた。

暴《ぼう》風《ふう》猛《もう》威《い》

今ふうに言えば
8月は**風《かぜ》台風**
9月は**雨《あめ》台風**
「百年来なき大風」と記録にあり、
人家2335軒が損壊、
樹木に甚大な被害を
与《あた》えたうえ
死者、負傷者
多数を出した。

風《ふう》魔《ま》襲《しゅう》来《らい》

「月は
中天に
くっきりと
浮かんでいた」

1791（寛政3）年
8月20日夜10時

「遠くで風の響きが
笛のように聞こえる。
やがて
夜空がおぼろに
かすみ
おそろしき
雲立つなり」
と旧記にある。

夜11時を過ぎると
辰巳《たつみ》（南東）の方角から
風が吹きはじめ
急激に強くなった。
雨が少し落ちる。
一時《いっとき》
風も雨も
落ち着いたかに
みえたが――
21日午前1時
突然
大風大雨となった。
「百年来《ひゃくねんらい》なき大風」は
6時間にわたって
荒れ狂った。

100年来《らい》なき暴風雨

1791年8月20日
9月 3 日

津軽全域で
ひどい暴風と
なった。
日照田《ひでりた》（鯵ヶ沢）では
百姓・伝四郎の家がつぶれ
女房が即死《そくし》、
伝四郎も重傷《じゅうしょう》を負った。
唐牛《かろうじ》（大鰐）では
庄屋久七の
頑丈《がんじょう》な屋敷まで
こっぱみじんに
吹き飛んだ。

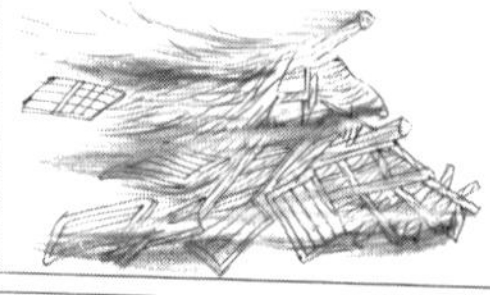

深浦、百沢、
黒石でも
全壊・半壊の
報告が
相次いだ。
総計
2115軒の
人家被害と
なった。

弘前では新寺町の三十郎宅
ほか、つぶれ家13軒、
和徳町、富田町、楮《こうじ》町など
半つぶれ家13軒、
本町、茂森町では
こみせが吹き飛んだ。

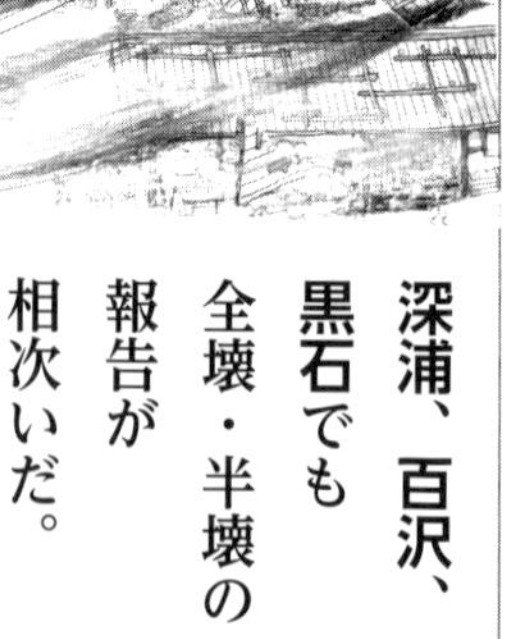

お城の屋根や
壁が吹きはげ、
塀、柵立が倒れ、
時を知らせる
時報矢倉《じほうやぐら》半壊。
東内門《ひがしうちもん》の鯱《しゃち》も
落ちた。
城の外でも
武家屋敷、
長屋など多数
大中破となった。

長勝寺構《ちょうしょうじがまえ》では並木杉91本、
境内の杉１３７本が倒れ、
梅林寺《ばいりんじ》・万蔵寺《まんぞうじ》・隣松寺《りんしょうじ》
前の老松が根返り
して転んだ。
倒木被害のない寺などなく、
黒門から長勝寺まで
倒木、枝が散乱、何日にもわたって
通行止めとなった。

樋の口袋宮寺《たいぐうじ》は
根返り杉１５０本
倒木90本、
立った木が少なく
なってしまった。
神明宮《しんめいぐう》は杉で
破損、報恩寺《ほうおんじ》、
薬王院《やくおういん》もさんざんな
姿となった。

久渡寺《くどじ》では杉３００本が倒れ、
10数本は寺に大破損を
与えた。
高照霊社《たかてるれいしゃ》は倒木１０００本、
革秀寺《かくしゅうじ》では杉60本が
倒れた。
百澤寺《ひゃくたくじ》、猿賀《さるか》神社、
古懸不動尊《こがけふどうそん》（碇ヶ関）
など相次いで損壊。

碇ヶ関・松原街道では
根返り松３６８本、
杉9本、枝折れ松１００本
大和沢《おおわさわ》松山では
松２９００本の
風折れが報告され、
弘前藩の倒木合計は
１万２７３０本に
のぼった。

雨魔襲来

13日後——
今度は
雨台風襲来
となった。

1791（寛政3）年
9月3日
青森では
堤川があふれ、浜町、
大町、米町、寺町で
浸水。
蜆貝《しじみかい》町、塩町、馬喰《ばくろう》町は
川の水に加え、
海水も流れ込み、
水深260㎝にも達した。

横内、**浅虫**、**野内**も
濁流に洗われた。
この大被害は
陸奥湾がちょうど
満潮時とかさなったため、
川から海へ
向かう濁流が押し返され

津波となって町や村に
逆流したためである。
2週間の間に
猛烈な
風台風、
雨台風の
襲来をうけ
津軽は壊滅的な
ダメージを受けた。

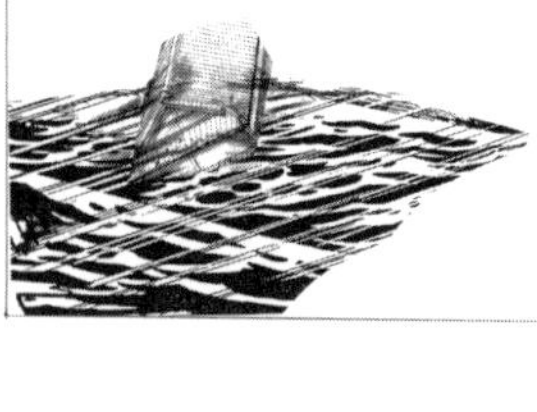

その後
津軽は
さらに恐ろしい
生き地獄の時代を
迎える。

長勝寺で葬式が1日に30以上

風、雨は平野部でも
猛威をふるい、
畑作物に
大きな影響を
与えた。

その年1791（寛政3）年
弘前藩は新藩主
津軽寧親《やすちか》を
迎える。
津軽寧親は
現存する
三層天守閣
を建てるなど
はなやかな
政策をとった。

しかし
津軽の人々は
台風、洪水、地震など
自然災害と食料不足、
重い年貢《ねんぐ》に苦しんだあげく、
伝染病が大流行。

一家で2～3人は死に、
長勝寺では1日に
30以上の葬式が
おこなわれた
日もあった。

肥《こ》え溜《だめ》に悲鳴

江戸時代
トイレが水洗で
あるはずがなく、
大きな樽《たる》や箱のような
便槽《べんそう》に糞尿《ふんにょう》を
ためる形であった。
この糞尿は
たくわえ、発酵《はっこう》・分解《ぶんかい》
させると
すぐれた肥料
となった。
そのため
畑にも畑用の
トイレ
つまり肥《こ》え溜《だめ》が
数多くならんでいた。

肥え溜は
家庭用も
畑用も
水分を外にもらさぬ
つくりのため、
洪水になるとあふれたり、
肥え溜ごと水に浮かんで
城下へと流れてきた。
満タンの肥え溜が
町中で続々てんぷくし、
そのたび住民から
大きな悲鳴が
あがったと
記録にある。

水がひいたあとは
不衛生
きわまりない状況で、
伝染病蔓延《まんえん》や
寄生虫感染《かんせん》の
要因となった。

恐怖の竜巻襲来

1817（文化14）年
7月25日。
午前11時過ぎから
雷鳴《らいめい》の強い日で
あった。

午後2時
一天にわかにかきくもり
稲妻《いなずま》が走った。
瞬時《しゅんじ》の光に映えて
白雲が高くそびえ
雲足が
いくすじとなく
地に届いた。

（『工藤家記』）

突然強風が
立ち上がり
大竜巻となった！
中心は城下の
土手《どて》町と
品川《しなかわ》町。

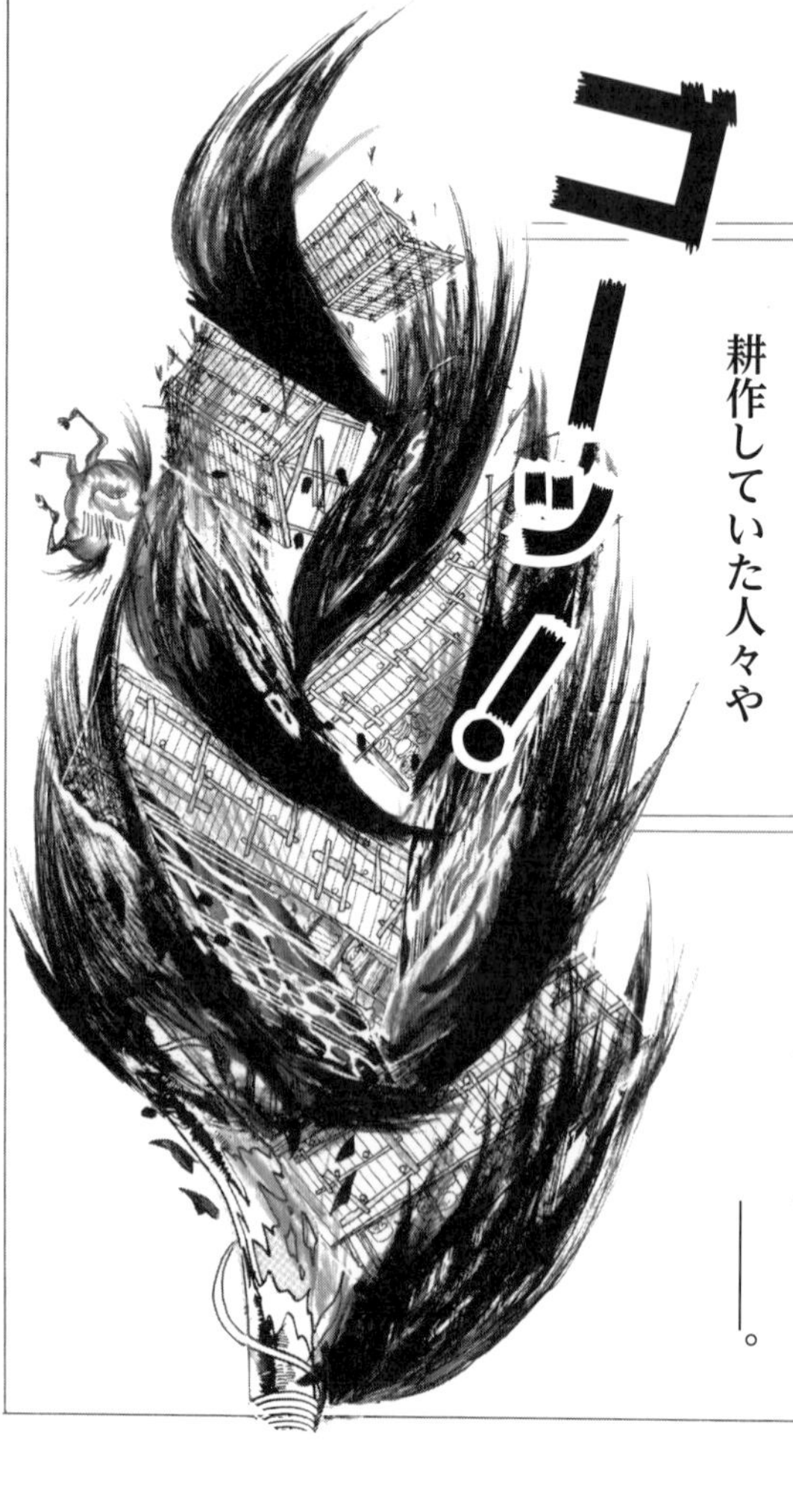

たちまち
人家の屋根や
壁が吹っ飛んだ。
畑では土が掘られて
舞い上がり
耕作していた人々や

薪《たきぎ》を積んだ
馬すらも
巻き上げられ
強烈に
たたきつけられた
――。

大竜巻は
南溜池に移動、
水面が一瞬にして
ひどく揺れさわぎ

逆浪《さかなみ》おびただしく
7mあまりの
巨大な水柱《みずはしら》が
よじれつつ
突き立った！

住民は
ただただ
おののき
震える
ばかりで
あった。

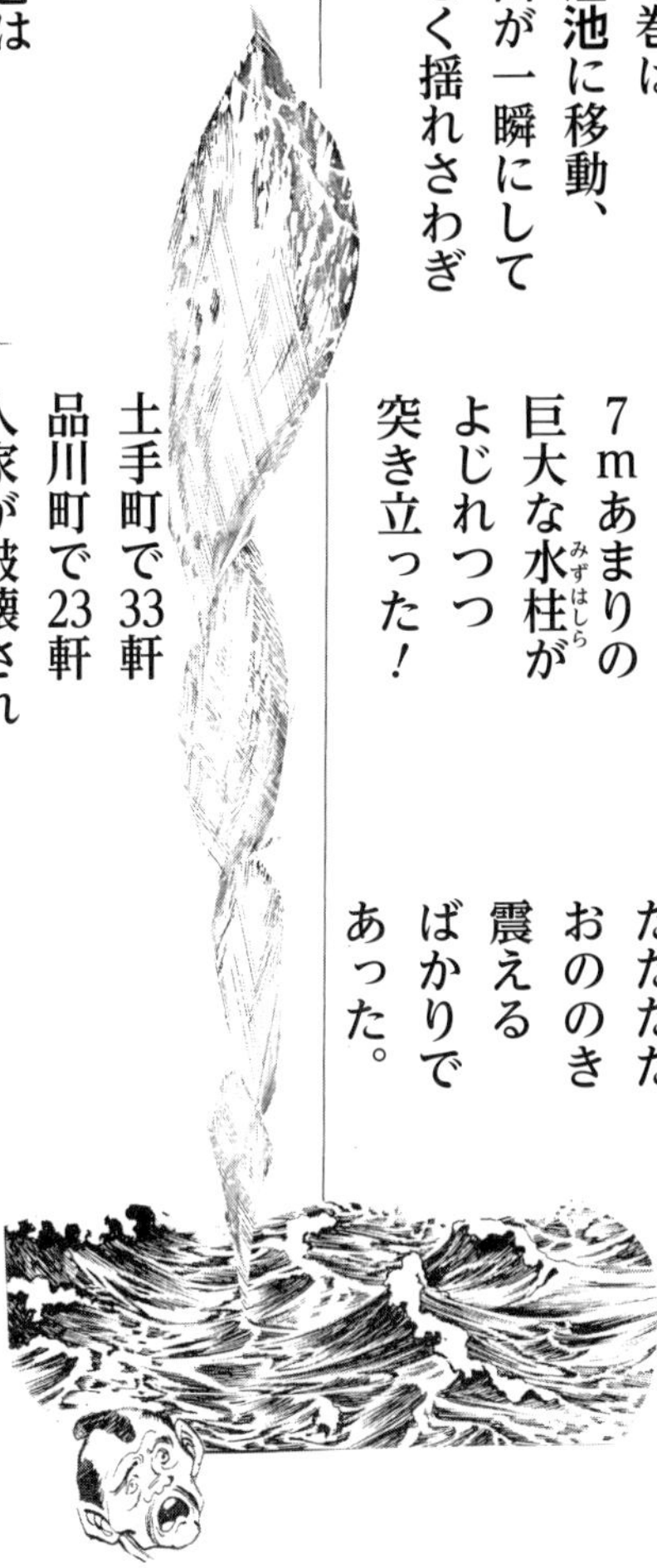

竜巻は
ほどなく消え去り、
強い風雨に
かわったが、
惨憺《さんたん》たる被害が
あとに残った。

土手町で33軒
品川町で23軒
人家が破壊され
女性一人が即死した。
品川町の女房で
猛烈な風で
家がゆらいだため
あわてて外へ
逃げたが、
そのとたん強風で飛んだ

屋根石が頭にあたった。
子の長太が町医幸山玄良宅へ
かつぎ込んだが死亡した。
品川町の髪結《かみゆい》久助の弟
市三郎も大けがを負った。
夏の城下中心部でおこった
恐怖の竜巻であった。

平成にも!!

弘前の竜巻といえば
2012年7月5日、
弘前市楢木《ならのき》・鬼沢《おにざわ》を
襲った竜巻被害が
人々の度胆《どぎも》を抜いた
建物被害99軒。
リンゴ完全倒木70本。

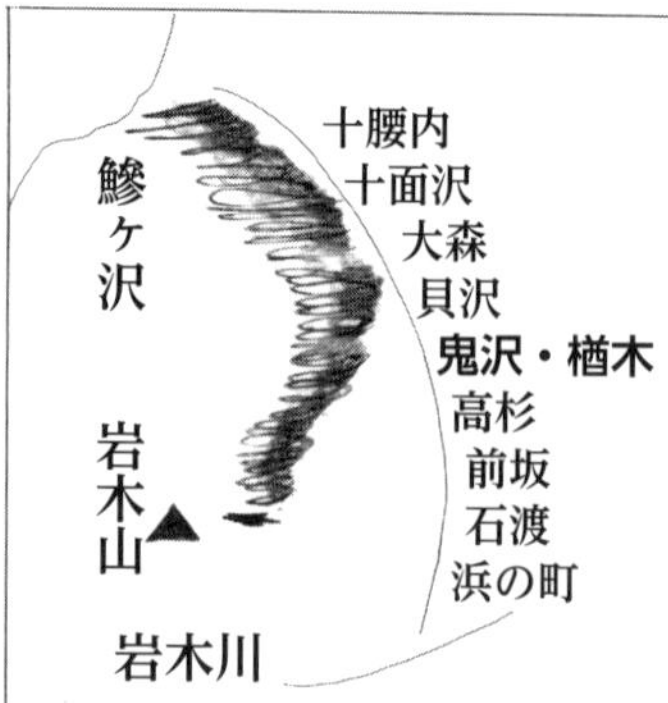

引きはがされた屋根のトタンが
散乱し、道をふさいだ。
両地区は大混乱だった。
被害にあった皆さんの話
「あっという間だった。家と
畑を見て涙が出た。」
「倒れなかったリンゴも
根がダメになっている。
新しい木を植えても
来年実がなるわけ
ではない。
自宅も建て直しだが、
畑がもどるのは何年
もかかる。」
「新しい家が建つまで
車庫に住む。
家を見た時はがくぜん。
想像もできない被害だ。」
「あの時、近くのリンゴ園
から竜巻を見た。
あの恐怖はこれから
ずっと残る。
あの日は竜巻の前から
風が強くて作業が
できないほどだった。
これからも強い風が
吹くたび、竜巻を
思い出し恐怖を
感じると思う。」
「家もなくなり、
寒い季節を迎え
るのが不安。
もう、もとの生活には
もどれない。」
テレビ・新聞などで
報道される以上に
竜巻は
恐《おそ》ろしい自然災害である。

青森に大霰《おおあられ》

1845（弘化2）年
4月20日
青森で**大霰**《おおあられ》が
降った。（『封内事実苑』）
その日青森では
朝から激しい雷と雨。
昼を過ぎた時
ドッと霰が
落ちてきた。

しかも大霰！
一粒25gほども
ある大玉で
氷も混じって
12～15㎝も
積もった。

特に強く降ったのが
浜田（青森市）のあたり。
大氷片が石つぶての
ように降り、
なかには30㎝をこえる
大きな氷もいくつか
あり、
大けがをする者も
あった。
津軽には七つの雪が降る
というが、
江戸時代には、
家のつくり、暖房、防寒着、
情報など、今に比べると
貧弱《ひんじゃく》で、この酷寒《こっかん》の地で
冬を越《こ》すのは、命がけ
のことであった。

古今往来

「エルニーニョ」「ラニーニャ」など
海水温上昇・低下により、
冷夏や豪雪、モーレツ台風が
日本を襲うようになった。
四季がはっきりしている
青森県。近い将来、
「夏は酷暑《こくしょ》」「冬は大寒波と
ドカ雪」が、さらにスケール
アップされるのか。

馬須路奈

古文書に時々
こういうのが出てくる。
「ばすろな?」

「なにそれ?」って思うと、
バルセロナ(スペイン)のことだった。
外国人が「バルセロナ」と
発音したのを聞いた津軽人が
漢字をあてたのだ。
たしかに「バスロナ」と声に
出して言うと、
「バルセロナ」と聞こえる。
「エルニーニョ」や「ラニーニャ」が
江戸時代にもあったなら、
津軽人は弘前藩日記に
どう漢字で表記したのだろう!?
ちなみに「エルニーニョ」は
スペイン語で「男の子・神の子」
「ラニーニャ」は「女の子」の
意味である。

空《くう》の巻

霊峰鳴動

—岩木山噴煙—

江戸時代
岩木山の火山活動は
活発であった。
硫黄山出火、
鳴動、大地震、
水蒸気爆発
などが発生、
夜になると
弘前の城下から
青く燃える炎を
望《のぞ》むことができた。

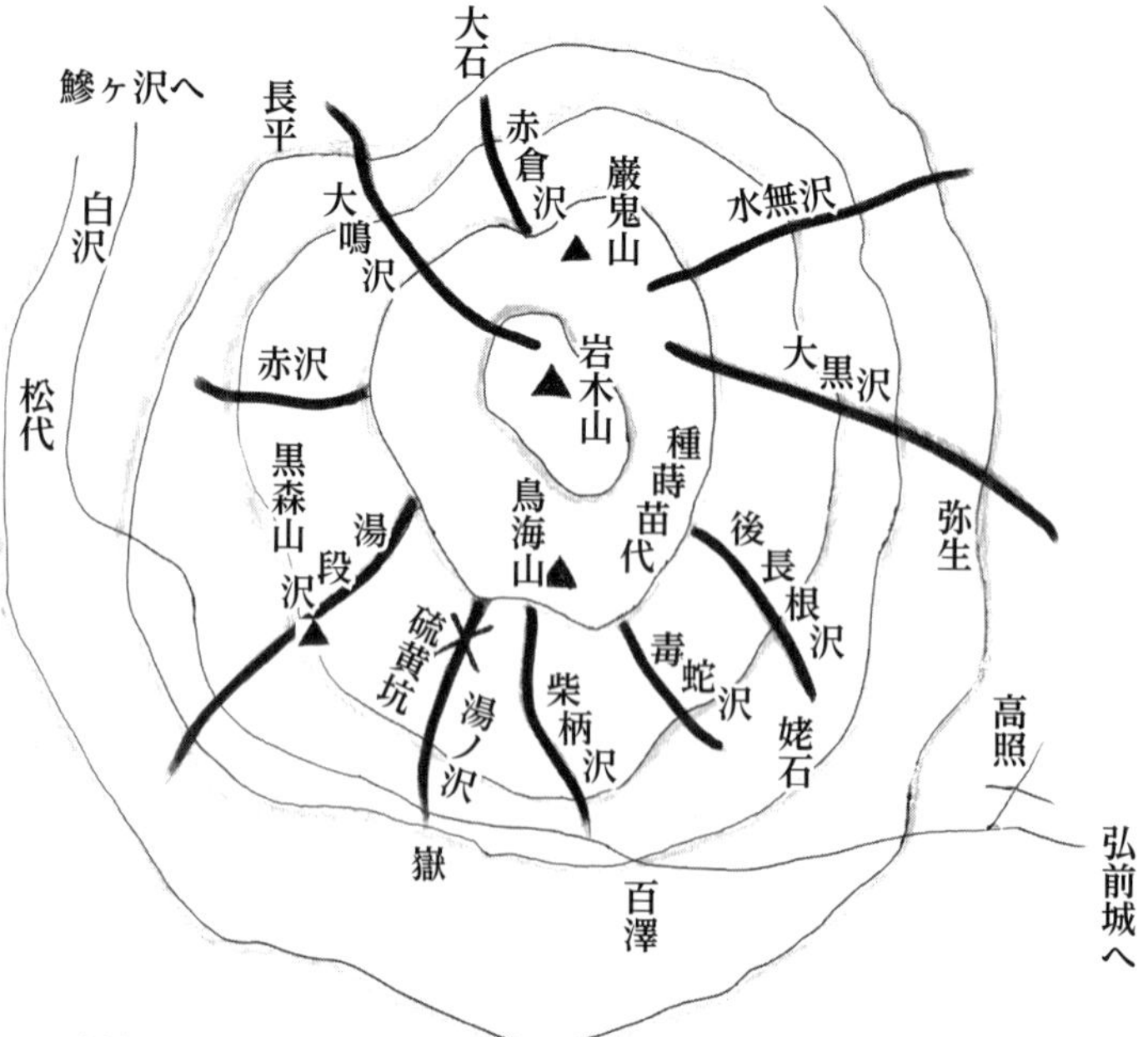

姥石《うばいし》は女人禁制《にょにんきんせい》の境界石で、百澤道のほか、
大石、長平《ながだい》、弥生《やよい》などにある。

臼ヶ嶽噴火

1636（寛永15）年
岩木山が鳴動した。
地底深く
不気味な音が鳴り響き
大地がふるえた。
蝦夷《えぞ》・臼ヶ嶽《うすがたけ》（今の有珠山《うすざん》）が
噴火した火山活動による
もので、
津軽の人々は
不吉な前兆と
気味悪く思った。

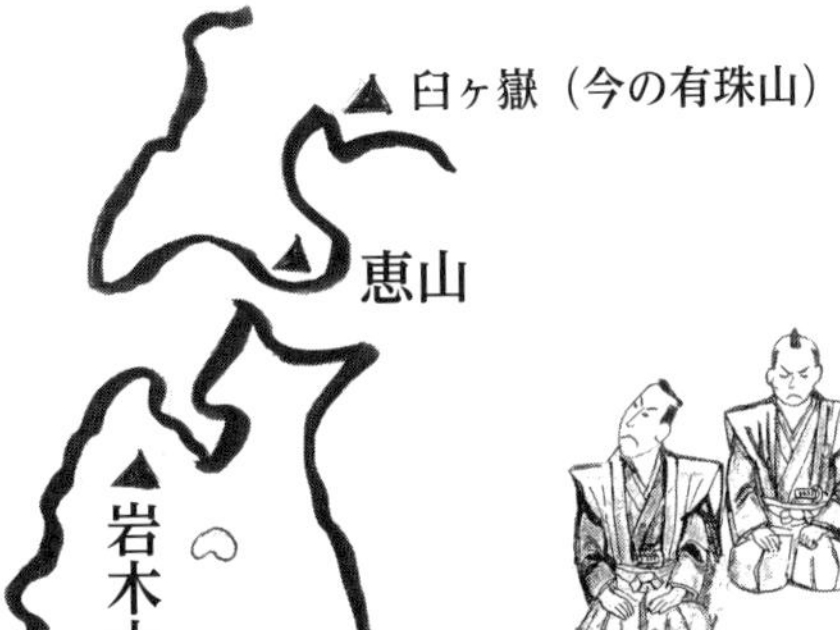

恵《え》山《さん》噴火

翌1638（寛永17）年
6月
蝦夷地の火山が
再び噴火したため、
岩木山が
噴煙《ふんえん》を
あげ、
大地震
が襲来した！

この時の火山は
臼《うす》ケ《が》嶽《たけ》ではなく、
松前恵《え》山《さん》
であった。

13日、突然、大音響《だいおんきょう》
とともに爆煙《ばくえん》と
炎を吹き上げ、
16日まで続いた。
空をおおう火山灰のため
蝦夷地では昼でも
暗くなり灯をともした。
火山灰は風にのって
海をこえ、
津軽では3日間
月が見えず
越後《えちご》まで灰がとんだ。
また灰にまじって
20㎝以上の毛が降ってきた。

「封内事実苑」

6月14日
火山活動に
ともなう
大地震が

津軽一帯を
おそう。
1日に20回も
震動《しんどう》。

6月15日には
岩木山が噴煙を
あげる。
地表に火山灰が
降り注いだ。
灰は各地で
10㎝に達し、
人々は連日の
天地異変に
おそれおののき
天空を見上げる
ばかりであった。

決死の踏査隊
―明和―

1770（明和7）年
2月10日
正月から岩木山が
鳴動し
地震も続いたため、
百澤寺《ひゃくたくじ》と弘前藩は
危険な踏査《とうさ》に
出かけた。

姥石《うばいし》（667m）付近は
雪が黒くかたまり、
剣ヶ峰《けんがみね》（噴火口周辺）では
雷のような底鳴り。
噴煙は風穴と
鳥の海で、
大きな穴が7ヵ所。
湯ばなが湧出《ゆうしゅつ》、
硫黄《いおう》のにおいと
湯気が吹き出し
ていた。

穴の底からは
大釜《おおかま》の煮《に》えたぎる音が
響き、
種蒔苗代《たねまきなわしろ》（1450m）では
飛来した小石が散乱、
硫黄が剣ヶ峰まで
16㎝ほどの厚さで岩を
おおい、沢々にも
硫黄の粉が吹き飛び
恐ろしいさまであった。

〔踏査《とうさ》〕
・百澤寺
・代　官　佐藤忠太夫
・徒目付　大高　忠次
・足軽目付　一戸喜兵衛

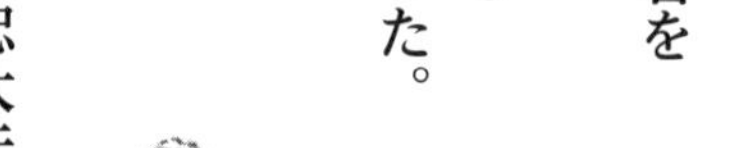

決死の踏査隊
―寛政―

1794（寛政6）年3月1日夜、岩木山が突然底鳴りをおこし、中腹の硫黄山《いおうざん》に火が見えた。

火は麓《ふもと》からよく見えたので、さっそく湯舟《ゆふね》村（鰺ケ沢）長兵衛と孫三郎らが山に登った。

硫黄山硫黄坑がさかんに燃え、大きな岩がぶきみな音をひびかせていた。

弘前藩では棟方作右衛門《むなかたさくえもん》、間宮求馬《まみやもとめ》ら家中消火隊を組織。弘前の町奉行に、水をくむ桶《おけ》1個を持った人足300人を集め、山に向かったが、硫黄山火災はほどなく鎮火《ちんか》。

百澤寺では霊山《れいざん》の怒《いか》りを鎮《しず》めようと大祈祷《だいきとう》をおこない、領内に守《まも》り札《ふだ》を配《くば》った。

決死の踏査隊
—弘化—

1845（弘化2）年2月
岩木山が大量の煙と
硫黄を吹き上げた。
百澤寺から踏査隊
が登ると、**種蒔苗代**で
雷鳴のような轟音《ごうおん》！

黒雲のような
噴煙《ふんえん》が
立ち昇り、
硫黄が噴出《ふんしゅつ》。
噴煙は
4月になっても
あがり続け、
津軽の
どこからでも
はっきりと見え、
8月になっても
続いたため、

お山参詣《さんけい》も
道を変更して
脇道《わきみち》を登ったと
記録にある。

岩木山
噴煙
黒雲のごとし

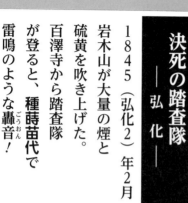

消火隊出動
―安政―

1856（安政3）年
4月17日
岩木山
硫黄山で異変が
おこった。
深夜、**硫黄坑**《いおうこう》が
燃えあがった。
硫黄坑は、かつての
噴火口である。

翌朝
さっそく300人が
桶1個ずつを持ち
弘前消火隊を組織したが、
下から見ても
火の勢いは
強まるばかり。

百沢、新法師《しんほうし》、枯木平《かれきたい》、
国吉《くによし》、鬼沢《おにざわ》、大森、貝沢《かいざわ》、
十腰内《とこしない》などの
地元民が消火にあたったが、
山林に燃え移る
恐れもあり、
弘前消火隊が
岩木山に向かった。
午後4時、
地元民の必死の消火で、
東西60m　南北150mで
くい止めた。
弘前消火隊は
午後5時に
百澤寺に到着したが、
「鎮火《ちんか》」の報告を受け、
そのまま
弘前に引き返した。

油断できない岩木山

岩木山は古くから
山岳信仰の対象とされ
山頂に岩木山神社奥宮《おくのみや》
が置かれてきた。

江戸時代には
弘前藩の鎮守《ちんじゅ》の山とされ
歴代の藩主が
岩木山神社に
寄進《きしん》（寄付）を
おこなってきた。
信仰の山・岩木山は
この150年ほど、
目立った

火山活動を
見せていない。

しかし
弘前の古文書を見ると
マグマ噴火こそして
いないものの、
江戸時代、
活発な火山活動を
おこなってきた
ことがわかる。

現在、岩木山は
八甲田山・十和田
とともに気象庁から
「常時観測火山《じょうじかんそくかざん》」に
指定されている。

もしこの先、岩木山で
噴火など火山活動が
始まれば、
広い地域で災害が発生し、
長期間、人々の生活に大きな
影響を与えることが懸念《けねん》される。
岩木山は油断できない
火山なのである。

結の巻

興国《こうこく》大津波《おおつなみ》
十和田山《とわだやま》大噴火
津軽に迫る激甚災害《げきじんさいがい》

死者10万人

興《こう》国《こく》大《おお》津《つ》波《なみ》

～1340年8月～

鎌倉幕府《かまくらばくふ》から
蝦夷管領《えぞかんれい》に任命《にんめい》され
津軽一帯を治《おさ》めたのが
安東氏《あんどう》である。

安東氏の拠城《きょじょう》
福島城（五所川原市市浦《しうら》ほか）は
東北第一の大きな城で
広さ2km四方
建物の数570
門の数12
3600名の兵と
1000頭の馬
水軍の船
58艘《そう》を
有していたと
伝えられる。

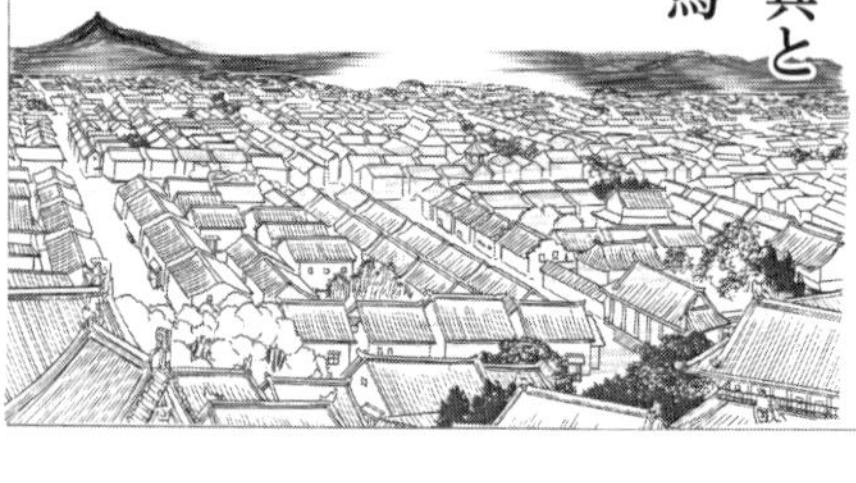

また天然の良港十《と》三《さ》湊《みなと》は
今の10倍の広さを持ち
「外国や京の船
出入り多く
して栄え、
香灯絶ゆる
ことなく、
夜のかがり火は
湖水にゆれ
あかるきこと
堺港《さかいみなと》（大阪）にも
まさるなり」
とにぎわいぶりが
伝えられている。

十三湊は
商家1000軒、
華麗《かれい》な
寺社がならぶ
津軽最大の都であった。
「三津七湊《さんしんしちそう》」と
よばれる日本の代表的な
10の港にも
選ばれ、
貿易港として
外国と活発に
交流した。

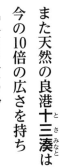

また
安東水軍《あんどうすいぐん》は
鎌倉幕府の
重要な
存在であった。

文永《ぶんえい》の役《えき》（1274年）
弘安《こうあん》の役《えき》（1281年）で
元の大軍が
襲来した時には、
勇猛果敢《ゆうもうかかん》に戦い
活躍を重ねたとされる。

ところが——

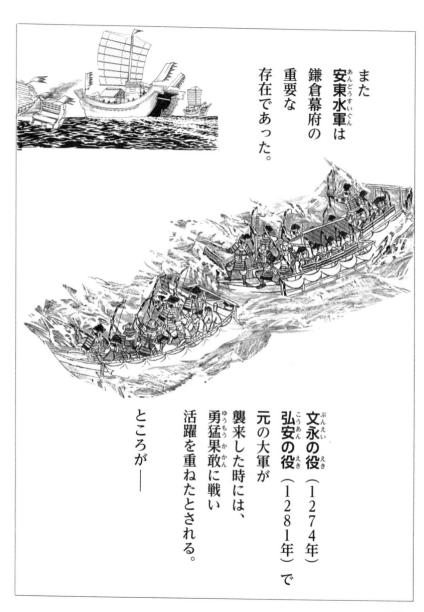

興国《こうこく》元年（1340）8月
大津波襲来

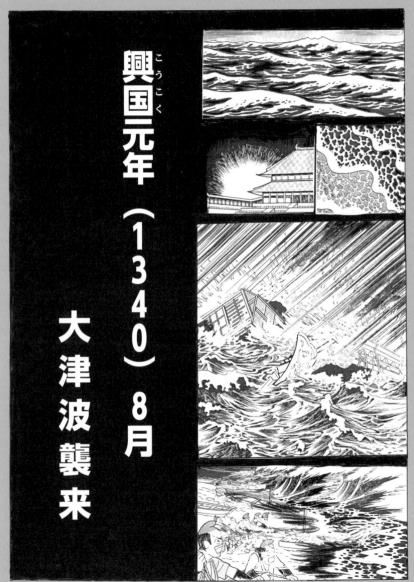

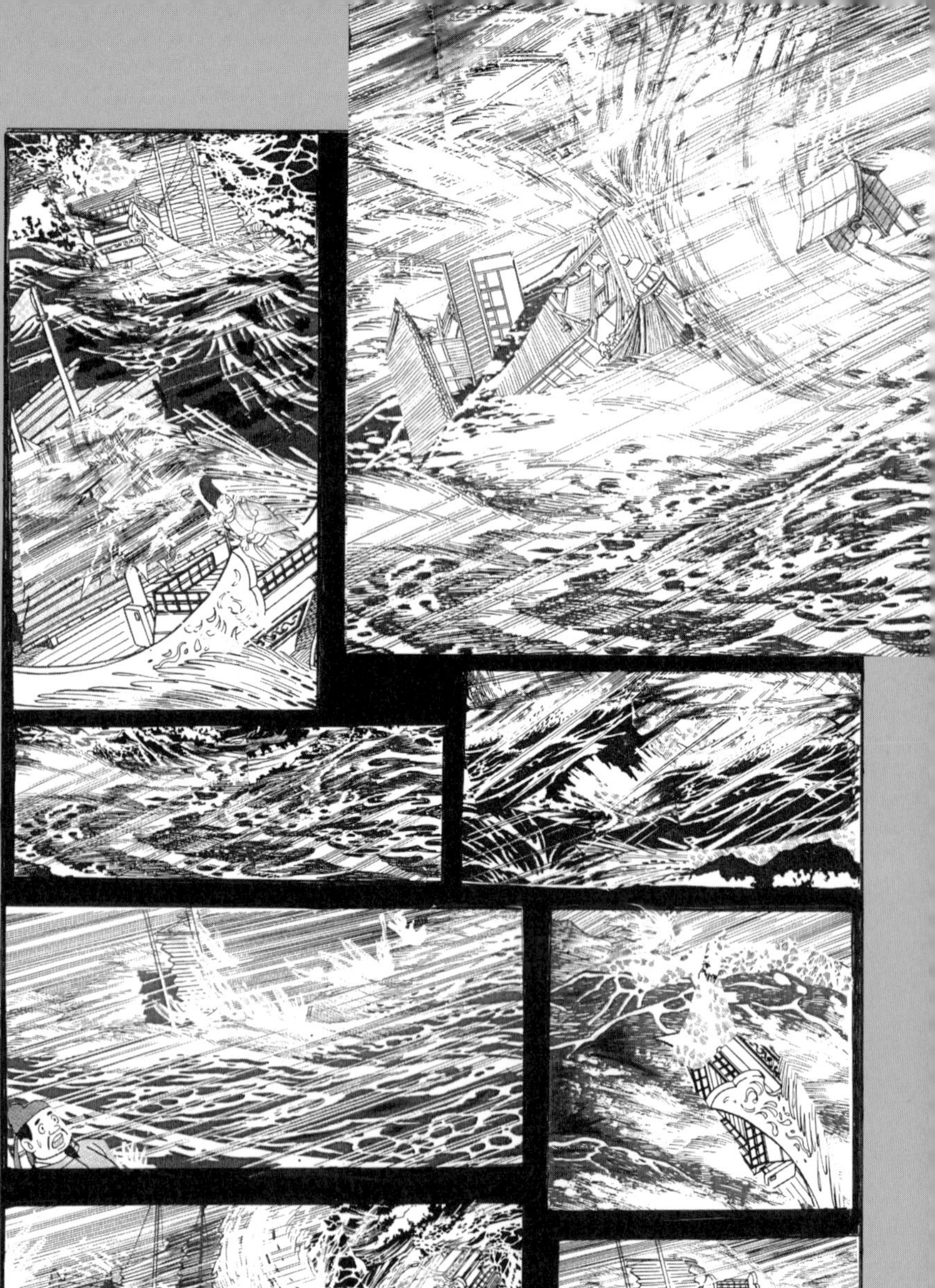

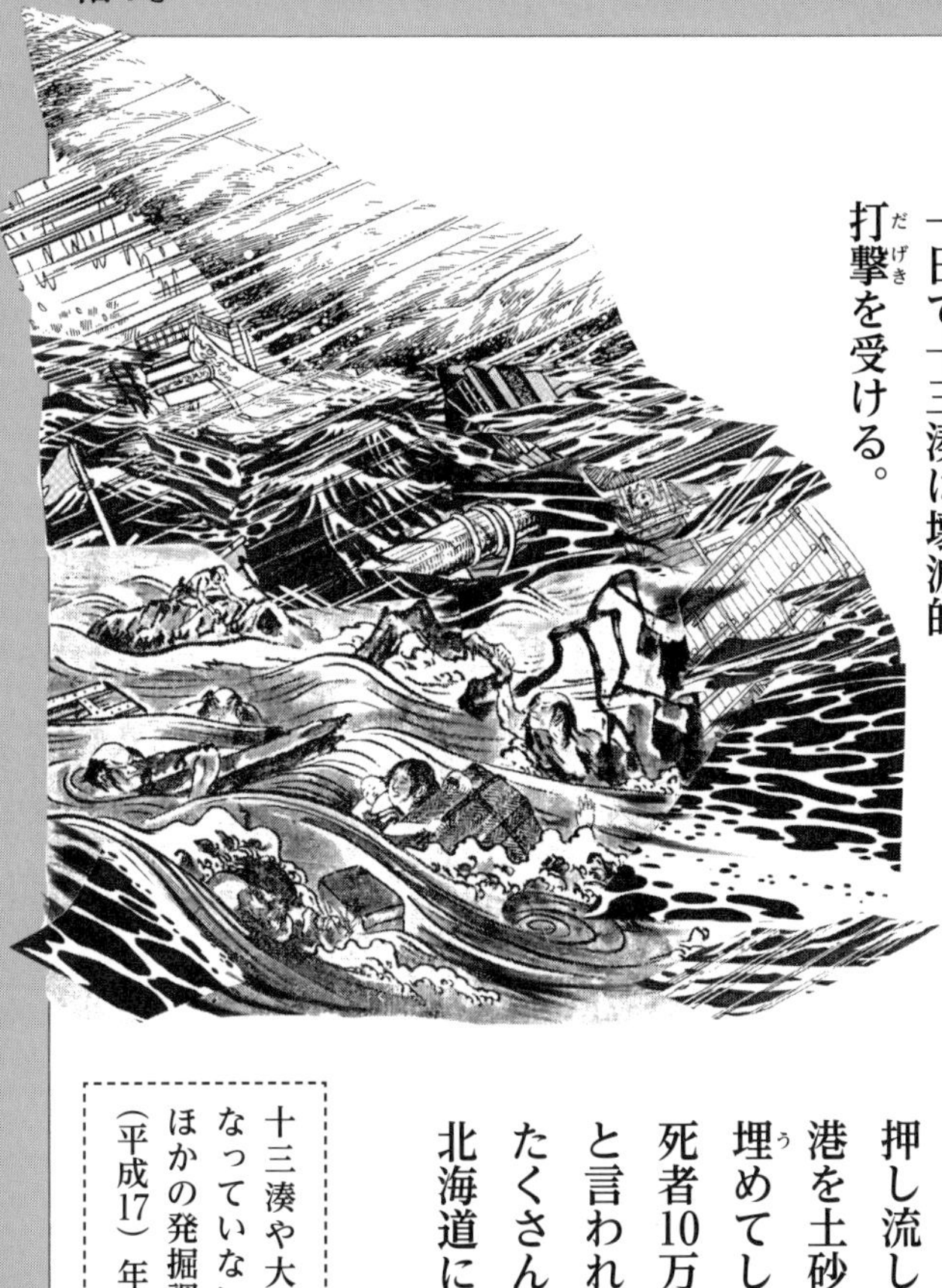

突如《とつじょ》押し寄せた
大津波のために
一日で十三湊《とさみなと》は壊滅的《かいめつてき》
打撃《だげき》を受ける。

大津波は
町をひと呑《の》みにし
城、神社、寺を
押し流し、
港を土砂で
埋《う》めてしまった。
死者10万人
と言われ、
たくさんの死体が
北海道に流れ着いた。

十三湊や大津波は史実として明確になっていないが、国立歴史民俗博物館ほかの発掘調査が進められ、2005（平成17）年、国の史跡に指定された。

とてもこわい日本海の大津波

テレビ、新聞などを見ると、太平洋側で起《お》きる大地震と大津波ばかり注目されているが、日本の政府や学者・研究者は日本海を震源とする大地震への注意も呼びかけている。

それによると日本海にある60断層でおこる地震のマグニチュードは7.9～6.8、沿岸を襲う津波の高さは最大23.4m平地部でも12.4m

M7.9の危険があるのは青森・秋田沖断層、そして北海道北部と発表している。

東日本大震災では
大津波が陸地に到達するのに
30分以上かかったが、
日本海の地震は
陸地が近いため
数分で大津波が到達、
しかも日本海は
太平洋に比べ
海底の隆起《りゅうき》が大きく
大津波が高くなりやすい。

平成5年
北海道南西沖地震 M7.8
数分で21mの津波が押し寄せ、
死者・行方不明230人
昭和58年
日本海中部地震 M7.7
10分以内に
最大14mの津波が押し寄せ
海岸付近にいた小学生、
観光客、作業員など79人死亡、
津波と地震による死者104人
佐渡（新潟県）では
900年間に26回の大津波

日本海巨大地震が起《お》こり、
日本海沿岸に
大津波が襲来する時期が
切迫していると警告《けいこく》している。

十和田山大噴火
—日本最大の噴火—

今、十和田湖となっている十和田山は、過去1万1千年の間に少なくとも8回爆発的噴火をしたとされる。

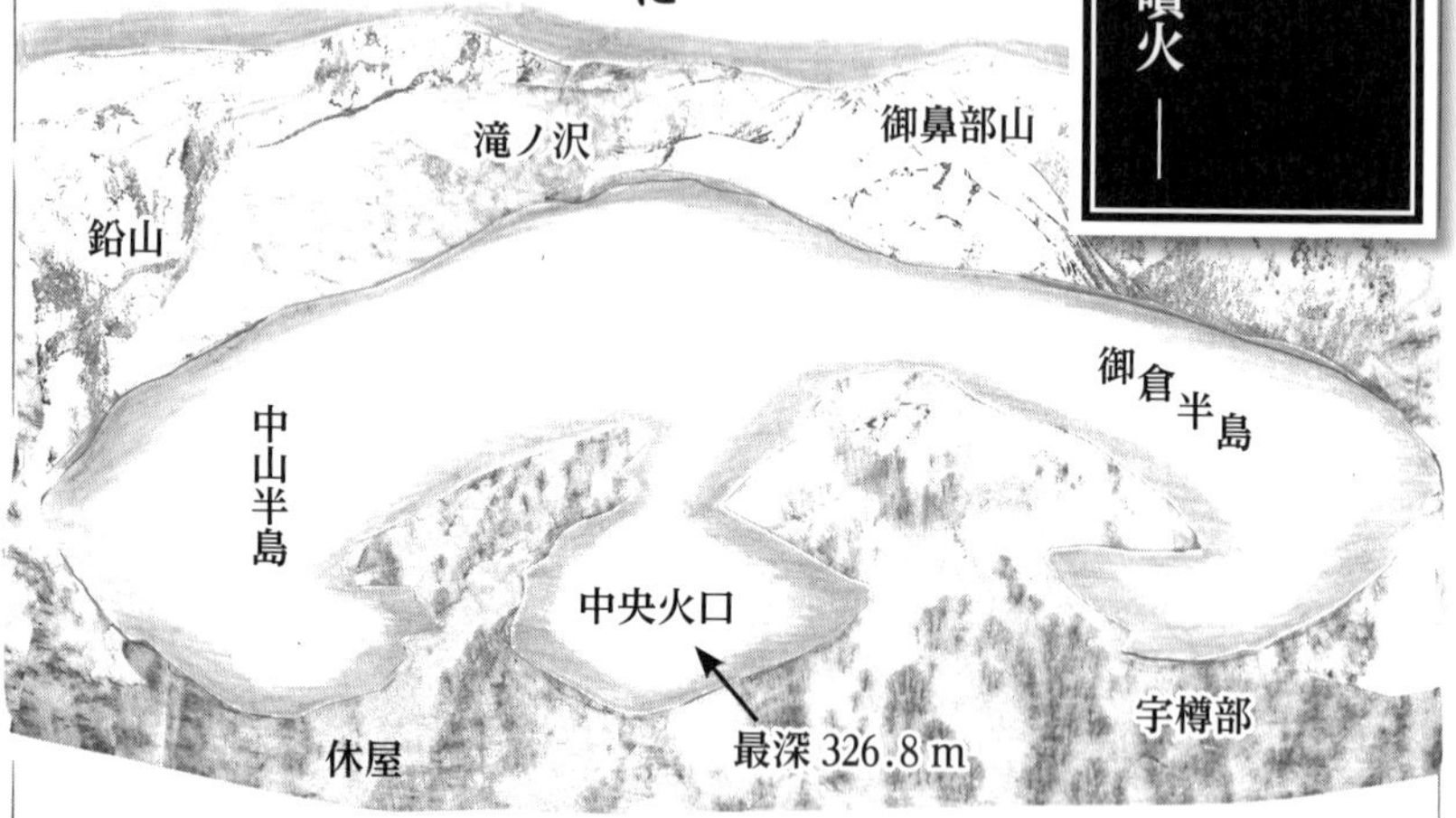

915（延喜《えんぎ》15）年国内の歴史上最大の十和田山噴火では、火山灰は東北一円に降りつもり、火砕流《かさいりゅう》は20㎞先まで到達、その後の雨で大規模火山泥流《かざんでいりゅう》が発生、町も人も押し流し日本海まで達した。

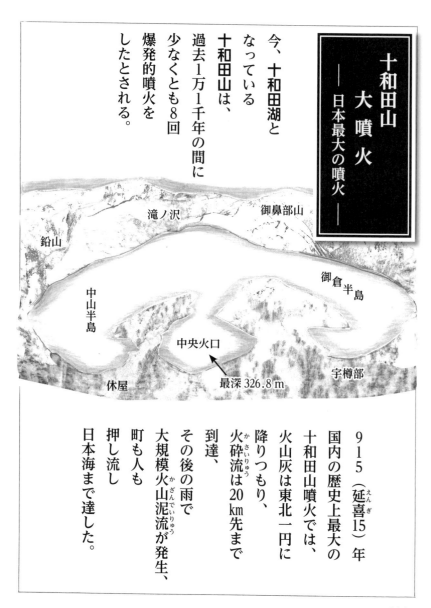

今、十和田山が大噴火すれば、
青森市、弘前市、十和田市、
鹿角《かづの》市など3県17市町村に
影響が及ぶ。
雨や雪が熱でとけて発生する
火山泥流により、岩木川、奥入瀬川、
米代川《よねしろがわ》流域は大氾濫《はんらん》する。
青森県全域に
火山灰や軽石が
10～100㎝ほど
降りつもり、
市民生活が
大混乱となることは
まちがいない。

古文書の記録は未来への予言！

十和田山噴火は、他の日本の火山より
はるかに大きい災害となる。
過去の記録から１００年以内に
噴火するとされるが、
９１５（延喜15）年からすでに
１０００年以上たっており
ごく間近に起こる
可能性もあり、
いざという時に
備《そな》えておかな
ければ、
大変なことが
現実となる。

津軽に迫る激甚災害

「強い方が勝つんじゃない！
弱い方が負けるんだ！」
魔物《まもの》がすむという甲子園で
よく言われる言葉だが、
災害も同じである。

いかに人間が肉体を強靭《きょうじん》に鍛《きた》えようと、
大自然の力・災害には勝てない。
弱点につけこまれぬよう
準備、情報、心がまえ・協力など
事前の備《そな》えが生死をわける。

近い将来
国内最大級の
災害におそわれる
可能性がある青森県。
県の防災ハンドブック

「あおもりおまもり手帳」

を参考に
突然の大災害に
備《そな》えよう。
「みじめ」より
「あらかじめ」が
生き残る
キーワードである。

あとがき

日本に生まれた以上、人生に何度か大地震・大災害にあう覚悟をしなければならない。それが現実である。

全国の古文書をめくると、毎回同じ形で大地震・大災害がくり返しおこっており、日本の歴史は災害と復興のくり返しであることがわかる。

ことに江戸時代は巨大災害が多発。

○相模トラフで元禄巨大地震（M8・5）
○4年後、南海トラフで東海・東南海・南海地震が連動し宝永大地震（M8・5）
○安政東海地震が発生すると、
○次の日、安政南海地震！
○次の年、首都直下安政江戸地震！

他人事《ひとごと》ではない。

弘前藩にもおそろしい災害記録がたくさん残っているのは、ごらんいただいてきた通り。

特に寒冷地津軽では、この先、厳冬期・氷点下を想定し、相当の覚悟とそなえが必要である。テーブル下に隠れ、避難リュックを持って助かるレベルではない！

危機感がつのり、今回、路上社安田俊夫さんの多大なご協力をいただき、出版にこぎつけた。これからこの本が役に立つことなく、杞憂《きゆう》に終わることを願うばかりである。

【略歴】知坂　元（ちさか　げん）
1954年 弘前市生まれ。
弘前大学教育学部卒業後教職に就き、青森県内の小学校を歴任。
弘前市立朝陽小学校校長を最後に退職。
2002年 活彩あおもりイメージアップ大賞特別賞を受賞。
2005年「卍の城物語」が青森県青少年健全育成条例推奨。
2017年 弘前市文化振興功労章を受章。

著書に『歴史まんが卍の城物語』『ねぶたマンのあおもり探検』
『北の砦！高岡城　―弘前のお城はだれがつくったの？』
『突撃！弘前城　―もし弘前城に敵が攻めて来たら！』
『弘前城　人は石垣人は城』『卍の惣領主 信建』他がある。

激震！卍の城　－弘前藩 災害の教訓－

2018年12月10日　第1刷発行　　（定価は表紙に表示）
2019年 2月20日　第2刷発行

著　者　知　坂　　　元
発行者　安　田　俊　夫
〒036-8361　青森県弘前市紺屋町219
出版・編集・企画　路　上　社
電話 0172－36－8858　FAX 0172－36－8865
印刷　やまと印刷株式会社
ISBN978-4-89993-081-5 C0021

小社の本は〈地方小出版流通センター〉扱いで注文可能です。